Über den Autor

Prof. Dr. Guido Knopp, geboren 1948, leitet seit 1984 die ZDF-Redaktion Zeitgeschichte und seit 2004 den Programmbereich Zeitgeschichte/Zeitgeschehen. Er moderiert die Reihe »ZDF-History« und ist Initiator zahlreicher Fernsehfilme und -serien, darunter »Der verdammte Krieg« (1991), »Hitler – Eine Bilanz« (1995), »Hitlers Helfer« (1996 und 1998), »Vatikan – Die Macht der Päpste« (1997), »Kanzler« (1999), »100 Jahre« (1999), »Holokaust« (2000), »Die große Flucht« (2001), »Der Jahrhundertkrieg« (2002), »Die SS« (2002), »Sie wollten Hitler töten« (2004), »Das Drama von Dresden« (2005), »Die Königskinder« (2007).

Guido Knopp war zweimal »Sachbuchautor des Jahres«. Viele seiner Bücher sind Bestseller geworden und wurden in 45 Sprachen übersetzt. Er hat zahlreiche Auszeichnungen erhalten, unter anderem zweimal den Jakob-Kaiser-Preis, den TeleStar, den Deutschen Fernsehpreis »Goldener Löwe«, den Bayerischen Fernsehpreis, die Auszeichnung des Simon-Wiesenthal-Zentrums in Los Angeles, den Österreichischen Fernsehpreis ROMY, den »Medienmann 2000«, die »Goldene Kamera«, die »Goldene Feder«, das Bundesverdienstkreuz Erster Klasse, den »Magnolia Award« sowie den International Emmy.

GUIDO KNOPP

DER UNTERGANG
DER GUSTLOFF

In Zusammenarbeit
mit Friederike Dreykluft
und Anja Greulich

Redaktion von Mario Sporn

WILHELM HEYNE VERLAG
MÜNCHEN

Umwelthinweis:
Dieses Buch wurde auf chlor- und
säurefreiem Papier gedruckt.

2. Auflage

Dieses Buch erschien in einer früheren
Ausgabe als Econ Taschenbuch.
Aktualisierte Taschenbuchausgabe 03/2008
Copyright dieser Ausgabe © Wilhelm Heyne Verlag, München,
in der Verlagsgruppe Random House GmbH
Printed in Germany 2008
Umschlaggestaltung: Hauptmann & Kompanie, München – Zürich
Umschlagfoto: © akg-images, Berlin
Satz: C. Schaber Datentechnik, Wels
Druck und Bindung: RMO, München

ISBN: 978-3-453-62029-2

Inhalt

Vorwort

Der Untergang der »Wilhelm Gustloff« zählt zu einer europäischen Tragödie: dem in der öffentlichen Wahrnehmung lange Zeit verdrängten Trauma von Flucht und Vertreibung.

Aus der Heimat zu flüchten, aus dem angestammten Lebensumfeld vertrieben zu werden – für fünfzehn Millionen Deutsche war dies das traumatische Ereignis ihres Lebens. Am Ende eines Krieges, der gezeigt hat, wozu Menschen fähig sind; eines Krieges, der von deutschem Boden ausgegangen ist, den Deutsche aggressiv geführt haben – am Ende dieses Krieges sind auch deutsche Frauen, Kinder, alte Menschen selbst zu Opfern geworden.

Freilich hatten Flucht und Vertreibung nicht erst begonnen, als am 20. August 1944 ein Spähtrupp der Roten Armee östlich von Schillfelde über den Grenzfluss Scheschuppe setzte und der Zweite Weltkrieg Ostpreußen erreichte. Fünf Jahre vorher waren bereits die ersten Polen aus Posen und Westpreußen von Hitlers Helfern vertrieben worden. Drei Jahre vorher hatten bereits Himmlers Schergen von Finnland bis zum Schwarzen Meer eine Blutspur von millionenfachem Mord gezogen, um den Wahn vom Lebensraum im Osten zu verwirklichen. All das schlug nun zurück auf Schlesier und Sudetendeutsche, Ostpreußen und Pommern – kostete dreizehn Millionen Menschen die Heimat und darüber hinaus wohl bis zu zwei Millionen Menschen das Leben.

Die Bilder jener Tage waren unbeschreiblich. Von Panzern überrollte Trecks auf vielen Straßen, ermordete Männer, vergewaltigte Frauen, getötete Kinder, erfrorene Babys – Augenzeugen, die das Grauen überlebten, werden diese Bilder nie vergessen können. Es waren keine Täter, an denen sich die Wut der Sieger austobte – es waren Wehrlose. Vor allem Frauen, Kinder, alte Menschen.

Vieles wäre der Zivilbevölkerung erspart geblieben, hätte man sie rechtzeitig evakuiert. Doch die Menschen durften ihre Dörfer und Städte nicht verlassen. Schließlich war es zu spät für eine sichere Rettung. Als die Rote Armee binnen weniger Tage die dünnen deutschen Verteidigungslinien an der Grenze zu Ostpreußen durchbrach und bei Elbing an die Ostseeküste vorstieß, saßen zweieinhalb Millionen Menschen in der Falle. So sammelten sich überall in aller Eile Trecks, die zu den Häfen strebten. Zu Fuß, mit Schlitten oder Pferdewagen versuchten die angstvollen Menschen, ein rettendes Schiff zu erreichen. Doch vor den scheinbar sicheren Häfen lag das Haff, eine bis zu zwanzig Kilometer breite, siebzig Kilometer lange Ostseebucht, die durch eine fünfzig Kilometer lange Landzunge, die Nehrung, von der offenen See getrennt ist. Schon die Überquerung des zugefrorenen Haffs war für viele ein Wettlauf mit dem Tod. In der dunklen Eiswüste kamen sie vom festen Weg ab, verirrten sich und brachen ein.

Wer es gleichwohl geschafft hatte; wer in Ostpreußen und Pommern die brennende Heimat hinter sich ließ; wer die Hafenstädte Swinemünde, Danzig oder Pillau lebend erreichte und das Glück besaß, auf eines der übervollen Schiffe zu gelangen, die nun täglich Richtung Westen ablegten, glaubte sich gerettet. Doch der Leidensweg der Menschen war noch nicht zu Ende.

Unter den vielen traurigen Geschichten jener Tage ragt eine besonders hervor – der Untergang der »Wilhelm Gustloff«. Wohl mehr als 9000 Menschen kamen um. Über die Hälfte von ihnen waren Kinder. Es war, bedingt alleine durch die Zahl der Opfer, wohl die größte Katastrophe in der Geschichte der Seefahrt. Die »Gustloff« – das war die deutsche »Titanic«.

Am 30. Januar 1945, dem zwölften Jahrestag von Hitlers »Machtergreifung«, trafen um 21:09 Uhr drei Torpedos das zum Flüchtlingstransporter umfunktionierte Passagierschiff »Wilhelm Gustloff« – abgefeuert vom sowjetischen U-Boot »S 13«. Innerhalb von nur 60 Minuten versank der einstige Stolz von Hitlers »Kraft durch Freude«-Flotte in der Ostsee. Für die Überlebenden des Dramas waren es die schlimmsten Stunden ihres Lebens, als sie im eiskalten Wasser um ihr Leben kämpften und mit ansehen mussten, wie Angehörige und Freunde ertranken oder erfroren. Die Bilder dieser Nacht haben sie bis heute – über ein halbes Jahrhundert nach der Katastrophe – nicht vergessen: Die Panik, die an Bord des sinkendes Schiffes herrschte; Verzweifelte, die sich und ihre Familien erschossen, um einem qualvollen Tod zu entgehen; andere, die rücksichtslos um einen Platz in einem der wenigen Rettungsboote kämpften; aber auch Matrosen, die in diesen Stunden zu Helden wurden und selbstlos ihr Leben für andere riskierten.

Warum aber sank das riesige Schiff binnen kürzester Zeit? Der erste Treffer landete im Vorschiff, im Wohntrakt der Stammbesatzung, und richtete dort ein Inferno an. Sofort schlossen sich die Schotten. Für die eingesperrten Soldaten war dies das Todesurteil. Der zweite Torpedo explodierte knapp unterhalb des trockengelegten Schwimmbades – die Wassermassen schossen in die höhergelegenen Decks. Für die dort zusammengepferchten Menschen gab es kein Entrinnen. Der dritte Treffer lag mittschiffs, explodierte im Maschinenraum und riss die Bordwand bis zum Deck auf. Schon nach wenigen Minuten neigte sich das Schiff nach vorn und bekam Schlagseite nach links. Bevor die »Gustloff« sank, erstrahlte sie noch einmal in vollem Lichterglanz. Dann erstickte die Ostsee das Geheul der Schiffssirenen und die Todesschreie der Menschen.

Bis heute sind viele Begleitumstände der Katastrophe ungeklärt. Warum wählten die Kapitäne der »Gustloff« eine Fahrroute, die den sowjetischen U-Booten bekannt war? Warum fuhr das Schiff ohne Begleitschutz? Was hat es mit dem rätselhaften Funkspruch auf sich, der dazu führte, dass Positionslichter gesetzt wurden, die meilenweit zu sehen waren? War es wirklich Sabotage, wie immer wieder behauptet wird?

In Wahrheit war der Untergang der »Gustloff« eine Verkettung von unglücklichen Umständen. Eine neben Tausenden von Flüchtlingen an Bord gebrachte U-Boot-Lehrdivision sollte schnellstens nach Westen transportiert werden, um dort die Ausbildung für den »Endkampf« fortzusetzen – deshalb warteten die Verantwortlichen der »Gustloff« nicht auf den notwendigen Begleitschutz. Dass in dieser Situation ein Funkspruch eintraf, der einen entgegenkommenden deutschen Minenräumverband ankündigte, bestärkte sie in ihrer Entscheidung – tatsächlich wurde ein derartiger Verband niemals gesichtet. Auf offener See kam die durch einen früheren Torpedotreffer beschädigte »Gustloff« dann nur langsam voran – und wurde so zu einem leichten Ziel für ihre Verfolger. Als der erste Torpedo schließlich die Stammbesatzung des einstigen KdF-Dampfers außer Gefecht setzte, gab es niemanden mehr, der die Rettungsboote noch hätte klarmachen und bedienen können.

Nach mehr als sechzig Jahren äußern sich heute auch ehemalige Besatzungsmitglieder des russischen U-Bootes »S 13« zu den Ereignissen in jener Nacht. Die Besatzung stand damals unter großem Erfolgsdruck, für Kommandant Alexander Marinesko war es ein Einsatz auf Bewährung. Die Sowjets wussten, dass in der Danziger Bucht Ende Januar 1945 mit verstärktem Schiffsverkehr zu rechnen war, wie ein jüngst entdecktes Dokument im Zentralen Militär-Marine-Archiv in Gatschina bei Petersburg beweist: »Das schnelle Vorrücken von Teilen der Roten Armee, insbesondere in eine der operativen Richtungen auf Danzig, wird den Feind zwingen, in den nächsten Tagen die Evakuierung aus dem Raum Königsberg zu beginnen. Im Zusammenhang damit ist eine heftige Verstärkung der Bewegungen des Gegners im Gebiet der Danziger Bucht zu erwarten«, heißt es darin. Als Marinesko Schraubengeräusche eines großen feindlichen Schiffes gemeldet wurden, ging er zum Angriff über.

Marinesko galt im Westen lange Zeit als skrupelloser Kriegsverbrecher, der wissentlich unschuldige Flüchtlinge ermordet hatte. Der Kommandant des deutschen Torpedobootes »T-36«, Robert Hering, entlastet hingegen seinen sowjetischen Kollegen: »C'est la guerre«: Die »Gustloff« transportierte Soldaten und hatte Geschütze an Bord. Nach dem Kriegsrecht war der Abschuss demnach nicht zu bemängeln.

Der Untergang der »Wilhelm Gustloff« war nicht die einzige Schiffskatastrophe in den letzten Kriegswochen.

»S 13« torpedierte am 10. Februar 1945 auch die »Steuben« und versenkte das Schiff mit etwa 4000 Flüchtlingen an Bord. Am 16. April 1945 sank der Frachter »Goya« und riss schätzungsweise 7000 Flüchtlinge aus West- und Ostpreußen sowie Soldaten in den Tod. Jüngste Schätzungen gehen von insgesamt rund 40 000 Menschen aus, die bei der Flucht über die Ostsee den Tod fanden.

Das Schicksal der »Gustloff« noch einmal authentisch vor Augen zu führen – das war höchste Zeit. Denn noch leben manche Zeitzeugen. Noch haben wir die Chance, ihnen zuzuhören, wenn sie sich erinnern. Als das vormalige Traumschiff des Dritten Reiches, am Jahrestag von Hitlers Machtergreifung in den eisigen Fluten der Ostsee versank, war dies zum einen der dramatische Prolog für das Ableben der deutschen Diktatur – doch ebenso die grausige Parabel für das Leid der deutschen Zivilbevölkerung im Osten: Hitlers letzte Opfer.

Einleitung

Manchmal sind es Tage, die das Schicksal von Menschen verändern, manchmal sind es Stunden. In der Nacht zum 31. Januar 1945 waren es wenige Momente, die über Leben oder Tod entschieden. Heinz Schulz, damals 2. Offizier auf dem Dampfer »Göttingen«, hat in einem solchen Moment ein Leben gerettet.

Die »Göttingen« war auf dem Weg nach Westen. Zwei Tage zuvor hatte sie mit 3600 Verwundeten und Flüchtlingen an Bord im Ostseehafen Pillau abgelegt. Vor der Halbinsel Hela, unweit der Hafenstadt Gotenhafen, hatte sie noch einmal haltgemacht, um auf einen Geleitzug zu warten. Der Weg über die Ostsee war in diesen letzten Wochen des Zweiten Weltkriegs unsicher geworden.

Am 30. Januar gegen Abend ging die Fahrt weiter. Die Menschen an Bord freuten sich, den Schrecken der heranrückenden Front entronnen zu sein und anderentags ihren Zielhafen Swinemünde zu erreichen. Die »Göttingen« folgte ihrem Geleitfahrzeug, dem Minensucher »M 387«. Heinz Schulz, der 2. Offizier, erinnert sich, dass das Schiff vor ihm gegen zwei Uhr morgens plötzlich backbord beidrehte. Er hatte die Order, sich dicht bei »M 387« zu halten, und drehte befehlsgemäß nach steuerbord. »Das Schiff war mitten in der Drehbewegung und plötzlich waren da diese Menschen! Sie waren teilweise schon unter das Schiff geraten«, so Schulz. »Wir waren einfach in eine treibende Menschen-

13

menge hineingefahren. Ohne jede Vorwarnung.« Friedrich Segelken, der Kapitän der »Göttingen«, bewahrte Ruhe. Was auch immer hier geschehen war, vielleicht konnten noch Menschen lebend geborgen werden. Eiligst ließ er Rettungsmannschaften zusammenstellen. Wenige Minuten später senkte sich das erste Boot über die Bordwand. Im zweiten Boot wurde auch Heinz Schulz zu Wasser gelassen. Der Besatzung bot sich ein schauerlicher Anblick. In gespenstischer Stille bahnte sich das Rettungsboot seinen Weg durch eine Vielzahl von Wrackteilen, Gepäckstücken, Schwimmwesten und Leichen. Heinz Schulz hat die Einzelheiten dieser Nacht noch genau in Erinnerung. »Wir näherten uns drei Flößen, die übereinander festgefroren waren. Menschen konnten wir zunächst darauf nicht entdecken.« Als das Boot wieder losfuhr, schlug einer der Riemen gegen den Floßstapel. Was dann geschah, hat der Seemann nie vergessen: »Plötzlich tauchte ein kleiner Kopf auf und eine Kinderstimme sagte: ›Onkel, nimm mich mit.‹ Das war der kleine Winfried Harthun.«

Als Winfried Harthun gerettet wurde, war er gerade sieben Jahre alt. Er stammte aus Gotenhafen an der Ostsee, einer Stadt in der Nähe von Danzig. In den ersten Tagen des Zweiten Weltkriegs, im September 1939, hatten deutsche Truppen die Stadt Gotenhafen, die damals noch Gdingen hieß, eingenommen. Sechs Jahre später, im Januar 1945, sammelten sich hier erneut Schiffe. Diesmal jedoch, um die deutsche Zivilbevölkerung und die geschlagenen Reste der einstigen Eroberungsarmee zurück nach Deutschland zu bringen. Eines dieser Schiffe war die »Wilhelm Gustloff«, deren letzte Fahrt als die größte maritime Katastrophe in die Geschichte der Seefahrt einging.

»Traumschiff der Nazis« – die »Wilhelm Gustloff«, 1938

Flucht

Am 12. Januar 1945, dem Neujahrstag des russischen Kalenders, ließ die sowjetische Winteroffensive das, was von der deutschen Ostfront noch übrig geblieben war, wie ein Kartenhaus zusammenbrechen. Als »größten Bluff seit Dschingis Khan« hatte Hitler die Zahlen, die ihm die Abteilung »Fremde Heere Ost« vorlegte, verächtlich abgetan. Von einer bis zu zwanzigfachen Überlegenheit der russischen Truppen war darin die Rede gewesen. Doch Hitler und seine Paladine spielten die drohende Gefahr herunter. »Ich glaube nicht, dass die Russen überhaupt angreifen. Die Zahlen sind maßlos übertrieben. Ich bin fest überzeugt, dass im Osten nichts passiert«, kommentierte SS-Chef Himmler alle Warnungen.

Tatsächlich hatte Stalin an der Weichsel die gewaltigste Streitmacht der Weltgeschichte zusammengezogen. Allein die Armeen der Marschälle Schukow und Konjew waren mit rund 2,2 Millionen Soldaten, 6000 Panzern und 5000 Flugzeugen schlagkräftiger als die gesamte deutsche Wehrmacht. Als in den frühen Morgenstunden des 12. Januars 1945 das Feuer aus vielen tausend russischen Geschützen und »Stalinorgeln« eröffnet wurde, konnten die geschwächten Divisionen der Wehrmacht kaum standhalten. Innerhalb weniger Tage gelang es den Sowjets, bis zur Ostseeküste vorzudringen und der Bevölkerung damit den Fluchtweg über das Land abzuschneiden. Von Tilsit bis Johannisburg, von Goldap bis Elbing saßen rund zweieinhalb Millionen Menschen, deren Leben bei einer rechtzeitigen Evakuierung zu retten gewesen wäre, in der Falle. Von drei Seiten eingekesselt, war Flucht nur noch mit Schiffen über die Ostsee möglich. Aus Ost- und Westpreußen und bald auch aus Pommern drängten die Menschen zu den Hafenstädten am offenen Meer. Die Keile der Roten Armee schoben ein Heer von Flüchtlingen vor sich her, dreieinhalb Millionen Menschen waren es Schätzungen der Wehrmacht zufolge bereits im Januar 1945.

Die Parteiführung, allen voran der ostpreußische Gauleiter Erich Koch, hatte restlos versagt. Nichts war vorbereitet – die Evakuierungspläne lagen unberührt in den Schubladen. Vielerorts warteten die Menschen vergeblich auf einen Fluchtbefehl. Oft waren es gerade die Ortsgruppenleiter oder Kreisleiter selbst, die angesichts der drohenden Gefahr als Erste Hals über Kopf türmten. In aller Eile verbrannten sie Akten und Papiere und verließen klammheimlich die Amtsstuben. Ihre Schützlinge, denen monatelang jede Vorbereitung zur Flucht unter Todesstrafe verboten worden war, mussten nun allein zusehen, wie sie ihr Leben retten konnten.

Es war immer gesagt worden: »Ihr braucht euch um nichts kümmern, keine Beunruhigung. Keinen Zentimeter ostpreußischen Bodens werden wir den Russen überlassen!«
MARION GRÄFIN DÖNHOFF

Die meisten waren erst aufgebrochen, als der Geschützdonner die Fensterscheiben erzittern ließ. Allerorts hatte die Großoffensive der Roten Armee die Menschen überrascht. Seit dem russischen Vorstoß im Herbst 1944 war in Ostpreußen scheinbar Ruhe ein-

18

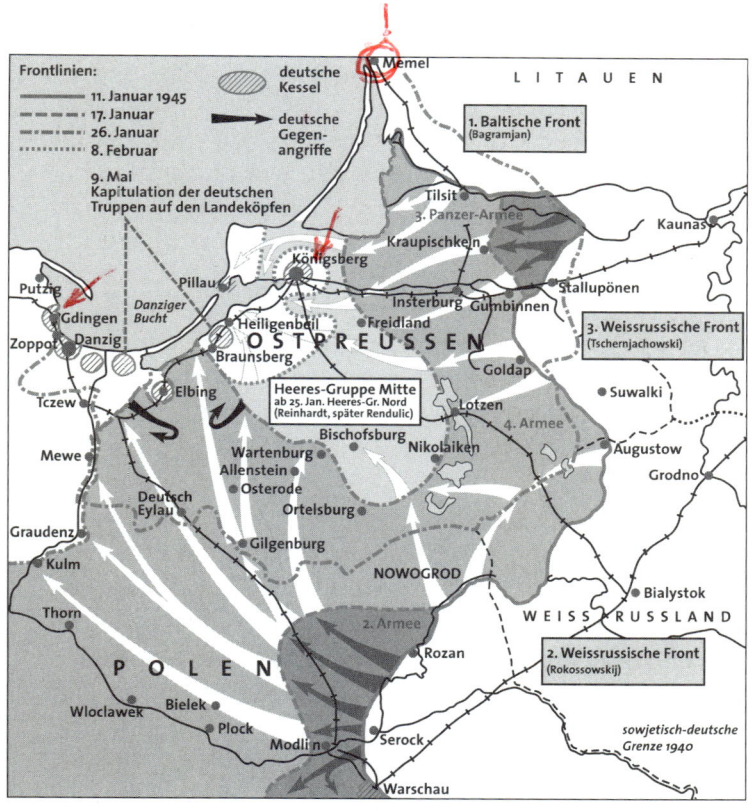

Der Frontverlauf in Ostpreußen, 1945

getreten. Der plötzliche Überfall der Sowjets, den die deutsche Wehrmacht noch einmal abgewehrt hatte, erschien den Menschen wie ein böser Spuk. Als jetzt erneut der Schreckensruf »Die Russen kommen!« erschallte, machte sich eine traurige Gewissheit breit: Die Stunde des Abschieds war gekommen und diesmal würde es keine Rückkehr mehr geben. »Wir waren traurig, traurig bis zum Gehtnichtmehr«, erinnert sich Ida

Slomianka, damals 29 Jahre alt. »Meinem Vater sind nur so die Tränen gerollt. Aber wir wollten weg, bloß weg. Bloß nicht den Russen in die Hände fallen! Und wenn uns die Pferde vorm Wagen umgekippt wären – weg, weg, weg!«

Endlos reihten sich die Flüchtlingswagen aneinander. Durch ganz Ostpreußen zogen die Trecks – immer Richtung Westen, doch wohin genau, das wusste keiner. Die Quecksilbersäule war auf Temperaturen von 25 Grad unter null gesunken. Hoher Schnee und heftiges Schneetreiben behinderten die Flucht. In den Schneemassen blieben die Räder der Wagen stecken, brachen die Achsen der Fuhrwerke. Auf den eisglatten Straßen rutschten die Pferde immer wieder aus, Wagen stellten sich quer und behinderten die nachfolgenden Karossen. Die ohnehin schmalen Landstraßen und Alleen waren geteilt worden: Eine Seite musste für die Fahrzeuge der Wehrmacht freigehalten werden, die sich ihren Weg zur Hauptkampflinie bahnten. Dabei kam es immer wieder vor, dass schwere Lastwagen und Panzer die Flüchtlinge beiseitedrängten, mitrissen und ihre Wagen schwer beschädigten.

Doch die Soldaten hatten keine Zeit, sich um das Schicksal der Flüchtlinge zu kümmern. Die militärische Lage war katastrophal. Überall waren die deutschen Linien durchbrochen worden, ertranken die Einheiten in der Flut der russischen Übermacht. Die Soldaten kämpften um ihr eigenes Leben – und waren überdies bestrebt, die Front so lange zu halten, bis die Zivilbevölkerung halbwegs in Sicherheit war. Trotzdem kam es vor, dass sie anhielten, um mit den erschöpften Flüchtlingen eine warme Suppe zu teilen oder Alte und Schwache einige Kilometer auf den Militärwagen mit-

»Wir haben versucht, unser nacktes Leben zu retten.«
Durch Eis und Schnee bahnten sich die Flüchtlinge den
Weg nach Westen.

zunehmen. Selbst altgediente Landser, die auf ihrem
Weg durch Russland schon viel Elend gesehen hatten,
packte das Mitleid beim Anblick des Flüchtlingselends:
»Wir in unseren Panzern und Wagen waren ja meist gegen die Witterung geschützt, aber die Flüchtlinge waren
ihr hilflos ausgesetzt. Diese armen Leute, die damals
mit den Trecks geflüchtet sind! Hinten am Wagen hin-

»Das war wirklich ein Elend!« Soldaten der Wehrmacht
beobachten einen Flüchtlingstreck in Ostpreußen.

gen vielleicht ein, zwei Kühe, vorne zogen ein paar ma-
gere Pferde. Ach, das war wirklich ein Elend!«, erinnert
sich der ehemalige Panzerfahrer Fritz Busse.

Die grimmige Kälte forderte bald erste Opfer. Schon
wenige Stunden nach ihrem Aufbruch waren viele der
Flüchtlinge durchgefroren und verzweifelt. Vor allem
für Kleinkinder und alte Menschen war die Eiseskälte
eine tödliche Gefahr. Ohne ausreichende Kleidung, ge-
schwächt durch die Strapazen der Flucht und wegen
der mangelnden Ernährung starben die Kleinen zuerst:
Babys erfroren in den Armen ihrer Mütter, die sie verzweifelt an den Leib gepresst hielten. Mit der Wärme
ihres eigenen Körpers versuchten sie, die Kinder vor der
unerbittlichen Kälte zu schützen. Waren erst einmal alle

Windeln durchnässt, keine trockenen Kleidungsstücke mehr zum Wechseln vorhanden, hatten die Jüngsten kaum noch eine Überlebenschance.

Eine Spur des Grauens zog sich durch ganz Ostpreußen: Kinderwagen mit kleinen, steif gefrorenen Leibern standen am Wegesrand, in Lumpen gewickelte Kinderleichen ragten aus den Schneeverwehungen. Für eine Bestattung blieb selten Zeit. Im hart gefrorenen Boden wäre ohnehin jeder Versuch, ein Grab auszuheben, ge-

»Es gab kein Zurück mehr.« Oft mussten sich ganze Familien auf einen Wagen zwängen.

23

scheitert. Rudi Powilleit, als Sechzehnjähriger im »Volkssturm« eingesetzt, erinnert sich mit Entsetzen an den Anblick einer jungen Mutter, die ihren Säugling verloren hatte: »Sie hatte das Baby auf dem Arm – das war erfroren, tot. Und die Frau ist richtig durchgedreht, sie schrie und weinte. Aber was sollten wir Jungs denn machen? Es war fatal!«

Der Anblick von Leichen wurde für die Flüchtlinge bald zur grausamen Gewohnheit. Mit jedem Schritt und auf ihrem qualvollen Weg zu den Hafenstädten an der Ostsee stumpften viele Menschen ab, blieben Mitleid und Solidarität mehr und mehr auf der Strecke. Die eigene existenzielle Bedrohung machte nicht selten blind für das Leid des anderen. Siegfried Quandt aus Tharau, damals acht Jahre alt, hat die Teilnahmslosigkeit der Menschen auf der Flucht erlebt: »Hilfe gab es nur innerhalb der Familie oder einer Gemeinschaft, nicht aber einem anderen gegenüber. Kostbare Lebensmittel oder heißes Wasser wurden nicht geteilt. Jeder hat nur an sich gedacht.«

Bei vielen waren schon nach wenigen Tagen die Vorräte knapp geworden. Nur die Umsichtigsten hatten damit gerechnet, dass die Flucht Wochen, ja Monate dauern könnte. Als die Gläser mit dem Eingemachten, die Fässer mit Gepökeltem zur Neige gingen oder wegen Überladung der Wagen am Wegesrand liegen bleiben mussten, tunkten die Flüchtlinge gefrorenes Brot in heißes Wasser, das sie aus

Den Glauben an Gott hatte meine Mutter verloren. Sie sagte: »Wenn ein Gott mit ansehen kann, dass unschuldige Menschen so gestraft werden und so leiden müssen, dann kann es doch gar keinen Gott mehr geben.«
<small>HANNELORE THIELE, FLÜCHTLING</small>

»Ich habe meine Tochter nie wiedergesehen.« Auch die
Kleinsten wurden zu Opfern.

geschmolzenem Schnee gewonnen hatten. Zum klirren-
den Frost gesellte sich beißender Hunger.

Manchmal gelang es, eine Kuh zu melken, denn
überall zogen in diesen Tagen riesige Viehherden übers

Land. Die Bauern hatten die Tiere beim Aufbruch zur Flucht losbinden und ihrem Schicksal überlassen müssen. Der überwiegend ländlichen Bevölkerung, die mit den Tieren seit Generationen in Gemeinschaft lebte,

»Hals über Kopf geflüchtet.« Meist wurde die Zivilbevölkerung erst in letzter Minute evakuiert.

war dieser Schritt sehr schwergefallen: »Was das für die Menschen dort bedeutete, einen Stall mit zwanzig Kühen oder mit zehn Schweinen, Pferden, Hühnern allein zurückzulassen! Und das im Winter, wo sich die Tiere ja nicht selbst verpflegen konnten, wo die Wasserstellen zugefroren waren! Das war wirklich grausam!«, fasst Arno Surminski, der sich in der Nachkriegszeit als Schriftsteller einen Namen machen sollte, rückblickend zusammen. Ida Slomianka, als junge Frau mit Mutter und Schwester unterwegs, sind die Bilder noch heute vor Augen: »Das waren Tausende von Kühen und Kälbern. Die Kühe kriegten Milchbrand, wenn sie nicht gemolken wurden. Das Euter schwoll an, eiterte und schmerzte. Da standen die Tiere auf der Weide und brüllten fürchterlich. Viele von ihnen gingen schließlich ein. Was glauben Sie, was wir da unterwegs an totem Vieh gesehen haben! Und dann sagte schon mancher, so wie unsere Kühe hier am Wegesrand liegen, so wird es eines Tages auch uns ergehen.«

Die Mangelernährung führte bei vielen Flüchtlingen zu Schwächeanfällen und Magen-Darm-Krankheiten. Vor allem ältere Menschen waren den Strapazen der Flucht oft nicht gewachsen. Im hinteren Teil der Panjewagen unter Decken zusammengekauert, starben sie meist lautlos und unbemerkt. Bruno Brassat hat den Tod seiner Großmutter als Zehnjähriger auf der Flucht miterlebt: »Unsere Oma war schon so krank – es war ja keine sanitäre Behandlung mehr möglich. Wir mussten ja vorwärts! Nun hat sie da hinten im Wagen gelegen, tagelang, und die Geruchsbelästigung war wirklich unerträglich. In Zoppot haben wir endlich haltmachen können, aber als wir sie aus dem Wagen herausholten, war sie schon gestorben.« Den Angehörigen blieb nichts

»Die Menschen hatten schreckliche Angst vor der Roten Armee.« Ein Sowjetpanzer auf dem Vormarsch.

anderes übrig, als die Toten notdürftig im Schnee zu verscharren und ein kurzes Gebet zu sprechen, bevor sie der endlose Strom der Flüchtlinge wieder verschluckte.

Am 23. Januar 1945 erreichten russische Panzerspitzen die Ostseeküste bei Elbing. Ursula Resas aus dem Küstenstädtchen Schwarzort an der kurischen Nehrung, die nach tagelanger Flucht in der Stadt Rast machte, erinnert sich: »Wir waren in Häusern am Stadtrand untergebracht worden, da fielen durch das Dröhnen der Panzer plötzlich die Bilder von den Wänden. Irgendjemand kam herein und schrie: ›Die Russen kommen!‹ Da sind wir alle rausgestürzt und auf einen LKW gesprungen. Wir wussten auch nicht, wohin es jetzt gehen sollte.«

Der Landweg in den Westen war nun abgeschnitten. Der einzige Weg in die Hafenstädte Danzig oder Gotenhafen führte die Flüchtlinge über die Frische Nehrung, einer schmalen Landzunge vor der ostpreußischen Küste. Um dorthin zu gelangen, mussten die Trecks das Haff überwinden, dessen relativ flaches Wasser bei den eisigen Temperaturen gefroren war. Es war ein Wettlauf mit der Zeit, denn an manchen Stellen war die Eisfläche nur wenige Zentimeter dick; gefährliche Spalten durchzogen die glitzernde Fläche. Holzpfähle oder kleine Tannenbäume, die ins Eis gesteckt worden waren, sollten den Weg für die Flüchtlinge markieren. Die lebensgefährliche Überfahrt war siebzig Kilometer lang und bis zu zwanzig Kilometer breit, und das Eis des Frischen Haffs bot keinerlei Schutz vor sowjetischen Tieffliegerangriffen. Dort, wo Sprengbomben Löcher in das Eis gerissen hatten, bildete sich bei Temperaturen von bis zu minus 25 Grad Kälte schnell eine tückisch dünne Eisschicht, die kein Gewicht tragen konnte. Immer wieder brachen Wagen ein und zogen Mensch und Tier mit in die Tiefe.

Hildegard Rauschenbach aus dem Kreis Pillkallen war damals 19 Jahre alt. Ende Januar 1945 erreichte sie mit ihren Eltern die Küste bei Heiligenbeil. Vor dem Haff wurde die Familie auf einen großen Platz gebracht, wo bereits Hunderte von Schicksalsgenossen warteten. Den Flüchtlingen wurde nur gestattet,

Die Trecks sind meistens nachts übers Haff gefahren, weil sie am Tag beschossen wurden. Da, wo Bomber Löcher ins Eis geschlagen hatten, stand immer jemand und leitete die Wagen um das Loch herum. Tote Pferde, Hausrat und auch tote Menschen schwammen in den Löchern.

HEINZ GRÖNLING, FLÜCHTLING

»Eine endlose Schlange von Wagen.« Hunderttausende
flüchteten über das Frische Haff nach Westen.

ihr Handgepäck mitzunehmen. Alles andere mussten
sie zurücklassen, denn die Wagen durften bei der Flucht
über das brüchige Eis nicht zu schwer beladen sein. Binnen weniger Stunden türmte sich das Flüchtlingsgut
am Ostseestrand: Nähmaschinen, Tonnen mit gepökeltem Fleisch, Radios, Federbetten, Kisten mit wertvol-
lem Porzellan und Familiensilber. Überall wimmelte es
von Menschen, Kinder weinten vor Kälte und Angst,
Schreie durchschnitten die eisige Luft – im Chaos wurden Familienmitglieder voneinander getrennt, gingen
Kinder ihren Müttern für immer verloren.

Damit das Eis die schwere Last tragen konnte, wurden die Wagen mit einem Abstand von mehreren Metern nacheinander auf die vorgesehene Strecke einge-

wiesen. Es kam zu langen Stauzeiten. Viele versuchten, das Eis im Schutz der Dunkelheit zu überqueren. Nur nachts konnten sich die Flüchtlinge vor sowjetischen Jagdbombern sicher fühlen. Doch in der dunklen Eiswüste kamen viele vom Weg ab und stürzten in die Bombenkrater. Wer stehen blieb, lief Gefahr zu sinken – schnell bildeten sich Wasserlachen um die Räder der Wagen, sackten riesige Eisschollen in die Tiefe. »Wir sind die ganze Nacht gefahren und gefahren«, erinnert sich Hildegard Rauschenbach, »und mein Vater sagte: ›Wir müssten doch schon längst auf der Nehrung sein!‹ Als dann der Morgen graute – dieses Bild werde ich nie in meinem Leben vergessen –, sah ich diese endlos lange Schlange von Wagen, hörte dieses leise Knirschen der Räder im Schnee. Die Pferde schnaubten mit den Nüstern und der Dampf vermischte sich mit der eisigen Winterluft.«

Hildegard Rauschenbach und ihre Eltern gelangten unbeschadet über das Eis des Frischen Haffs. Für die Ostpreußin Irmela Ziegler aus Warschfelde im Kreis Elch-Niederung endete die nächtliche Flucht über das Eis mit einem schrecklichen Unglück. Sie lief neben dem Wagen ihrer Familie her, als ein jähes Krachen die 18-Jährige aufschreckte: Unmittelbar vor ihr sank der Wagen in Sekundenschnelle. Mutter, Vater und die sechs Geschwister schienen verloren. Doch ihrem Vater gelang es, vom Kutschbock abzuspringen und die Pferde am Zügel zu greifen. Mit letzter Kraft stemmten

Es war eine grauenvolle Fahrt: Ich hatte meine beiden kleinen Kinder fest im Arm, weil ich mir sagte, wenn wir getroffen werden würden, dann hoffentlich alle.
STEPHANIE LINGK, FLÜCHTLING

sich die Tiere mit den Vorderhufen auf die Kante des Eises und rissen den Wagen hoch. Irmela Ziegler sah ihre Mutter starr vor Schreck im Wagen sitzen – von ihr war keine Hilfe zu erwarten. Die junge Frau stellte sich auf die Eiskante, hielt sich mit einer Hand an den Pferden fest und griff mit der anderen Hand hinüber: Drei ihrer Geschwister krabbelten an der Mutter vorbei aus dem Wagen. Irmela riss sie, ohne zu zögern, zu sich. Doch dann rutschten die Pferde ab, der Wagen ging unter. Verzweifelt klammerten sich die vier Geschwister aneinander. Die Mutter und zwei weitere Geschwister hatte der Vater gerade noch aus dem sinkenden Wagen retten können. Doch für die jüngste Schwester Heidrun kam jede Hilfe zu spät: Die Kleine war im Wagen geblieben und ertrank vor den Augen ihrer hilflosen Eltern. Sie war erst 18 Monate alt. Tag für Tag, von Januar bis März 1945, spielten sich auf dem Eis solche dramatischen Szenen ab.

Hitlerjugend- und Volkssturmeinheiten wurden abgestellt, um die Trecks auf dem Eis vor Angriffen der Sowjets zu beschützen. Ein aussichtsloser Auftrag, denn der Flüchtlingsstrom bot auf der weiten Fläche des Haffs russischen Tieffliegern ein unübersehbares Angriffsziel. Wahllos schossen die Bord-MG der Flieger auf die Menschen, die mit ihren letzten Habseligkeiten das Haff überquerten. Fontänen spritzten hoch, wenn Bomben in das Eis einschlugen. Eis- und Granatsplitter prasselten auf die Flüchtlinge herab, die verzweifelt hinter ihren Fuhrwerken Deckung suchten. »Man hatte das Gefühl, man fährt bei Gewitter, so grollte und blitzte es um uns herum, Tag und Nacht«, erinnert sich Hannelore Thiele an die Flucht über das Eis. Den Weg zur Nehrung säumten bald zerfetzte Körper und Pferdekadaver, deren Blut das Eis rot färbte. »Wir haben nichts weiter tun können, als am nächsten Morgen die Toten zu bergen«, erinnert sich Karl-Heinz Schuhmacher an seinen Volkssturm-Einsatz auf dem Haff. »Das war wirklich ganz grausam. Alle hatten nur einen Willen: Raus, raus, raus!«

Wagen an Wagen reihte sich auf dem Eis des Haffs. Wer die schmale Landzunge lebend erreicht hatte, glaubte sich zunächst in Sicherheit, schöpfte wieder Hoffnung, wenn er endlich festes Land unter seinen Füßen spürte. Doch auch auf der Nehrung nahm das Elend kein Ende. Auf den engen Sandwegen drängten Wagen

»Viele blieben auf der Strecke«: Ein von russischen Tieffliegern beschossener Treckwagen auf dem zugefrorenen Haff.

einander die Böschung hinab. Verletzt, von Kugeln getroffen, erschöpft und völlig unterkühlt, blieben zahllose Flüchtlinge am Straßenrand liegen, vor allem Alte und Kinder – die Schwächsten der Schwachen. Wie Lemminge schoben sich die Menschen die Nehrungstraße entlang – vorbei an Leichen, zerschmetterten Wagen und Bergen von Gepäck. Einige scherten aus dem Strom aus, machten Rast und versuchten, sich von den Strapazen der Haffüberquerung zu erholen.

Auch die Familie von Irmela Ziegler machte auf der Nehrung halt. Am Morgen nach der Tragödie auf dem Eis zog der Vater noch einmal mit dem Schlitten auf das Haff hinaus. Die Familie blieb auf der Nehrung zurück und bangte um sein Leben: Am hellen Tag war die Gefahr der Tieffliegerangriffe am größten. Doch der Vater kehrte unversehrt zurück. Er war zur Unglücksstelle gegangen und hatte sein totes Kind aus dem Wasser geborgen. Schweigend schaufelte die Familie ein kleines Grab im Sand der Nehrung, rollte das Kind in einen Teppich und bestattete es. »Ich war schon so weit gelöst, dass ich wie ein Schlosshund geheult habe«, schildert Irmela Ziegler die traurige Szene. »Aber meine Mutter, die war ganz erstarrt. Sie hat das lange, lange nicht verarbeiten können.« Für sie und viele andere war die Frische Nehrung eine Straße ohne Wiederkehr geworden.

Seebrücke

Wer die Danziger Bucht lebend erreichte, glaubte sich gerettet. »Man holte Luft und dachte: Das Leben geht weiter, es ist doch noch nicht zu Ende«, erinnert sich ein Flüchtling an die Ankunft in Gotenhafen. Hunderttausende strömten in die Hafenstädte Danzig und Gotenhafen, alle in der Hoffnung, auf einem der hier anlandenden Schiffe eine Passage in den Westen zu bekommen.

Das Schicksal all dieser Menschen lag nun in den Händen der deutschen Marineleitung. Sie organisierte eine umfangreiche Seerettungsaktion, die bis heute als größte Heldentat der deutschen Kriegsmarine gilt. Auf Anweisung von Großadmiral Karl Dönitz und Konteradmiral Konrad Engelhardt, dem die Schifffahrt im Ostseeraum unterstand, wurde aller verfügbare Schiffsraum in die Danziger Bucht beordert: Handelsschiffe, Schulschiffe, Vorpostenboote, Minenräumer – alles, was schwimmen konnte, steuerte die Häfen rund um die Kurische und die Frische Nehrung an. Am 25. Januar 1945 verließen 22 000 Flüchtlinge mit dem ersten organisierten Schiffskonvoi das Hafenstädtchen Pillau. Wenig später stieß die Rote Armee in der Nähe der Kleinstadt Elbing zur Küste vor und schnitt damit alle Straßen und Zugverbindungen in den Westen ab. Ostpreußen war eingekesselt. Nur ein einziger Fluchtweg blieb übrig: der Weg über die Ostsee.

In Gotenhafen, das mit einer vierzehn Kilometer langen Pier über die größte Schiffsanlegestelle der Region

»Es würde nicht genug Platz für alle sein«:
Der große Ansturm auf die Flüchtlingsschiffe.

verfügte, ballten sich in jenen Tagen Tausende von Menschen. Über See erreichten kleinere Schiffe aus Pillau oder Memel die Gotenhafener Anlegestelle Oxhöft und spuckten weitere Massen aus, die hier auf eines der größeren Kriegs- oder Passagierschiffe verladen werden sollten. Ursula Resas, eine Marinehelferin, die von ihrer Einheit nach Gotenhafen kommandiert worden war, erreichte am 24. Januar nach abenteuerlicher Flucht über das zugefrorene Frische Haff die Stadt. Sie hat die Szenen, die sich in Gotenhafen abspielten, noch deutlich vor Augen. »Ich dachte erst, da lägen Bündel auf dem Boden, zugeschneite Gepäckbündel. Dann habe ich gesehen, dass das Menschen waren. Sie lagen einfach da und waren zum Teil mit Schnee bedeckt. Und immer

»Abschied ohne Wiederkehr«: Wehrmachtsoldaten und Flüchtlinge werden aus dem ostpreußischen Pillau evakuiert.

»Nur nicht den Russen in die Hände fallen«: Ein überfüllter Flüchtlingskutter auf der Fahrt durch die vereiste Ostsee.

»Die größte Heldentat der deutschen Kriegsmarine?«
1945 wurden Hunderttausende Flüchtlinge und
Wehrmachtangehörige aus den Ostgebieten evakuiert.

»In letzter Minute«: Die Einschiffung von Soldaten und Flüchtlingen in Ostpreußen.

plagte mich der Gedanke, meine Mutter und meine kleinen Geschwister könnten auch darunter sein.«

Ursula Resas' Familie war in den Wirren der Flucht auseinandergerissen worden. Ihre Schwester Rosemarie war wie sie Marinehelferin und ebenfalls nach Gotenhafen versetzt worden. Auch der Vater war in der Nähe. Doch wo der Rest der Familie abgeblieben war, wussten die Schwestern zu diesem Zeitpunkt nicht. Wenigstens hatten sie sich. In Gotenhafen jedoch würden sie sich nicht mehr lange aufhalten können. Der Januar 1945 war so außergewöhnlich kalt, dass das Thermometer teilweise bis unter zwanzig Grad minus sank. Trotz zahlreicher Notunterkünfte in Schulen, Kellern, Kinos oder Restaurants konnten viele Flüchtlinge nicht einmal einen warmen Schlafplatz finden. In den Hafenanlagen richtete man in Schuppen notdürftige Verpflegungsstationen ein. Waltraud Grüter, wie die Resas als Marinehelferin in Gotenhafen, erinnert sich: »Ich habe junge Mütter gesehen, die hatten ihre erfrorenen toten Kinder im Arm. Sie wollten sie nicht hergeben. Sie haben wohl gedacht, diese Bündelchen würden noch leben. Man hat ihnen die Kinder einfach fortgenommen und an den Straßenrand gelegt.«

Erinnerungen wie diese teilen viele Flüchtlinge. Und viele von ihnen haben sie bis heute nicht seelisch verarbeiten können. Waltraud Grüter sucht zu erklären, wie sie es schaffte, das Erlebte zu verkraften. »Ich habe versucht, das alles nicht an mich heranzulassen. Ich muss heute sagen, dass mich die Szenen, die ich da sehen musste, damals schon fast kaltgelassen haben. Das war die einzige Möglichkeit, damit umzugehen.«

Immer mehr Fuhrwerke, Schlitten und Gepäckwagen versperrten die Zufahrtswege zum Hafengelände. An der Pier gab es kaum noch ein Durchkommen. Die Kapitäne der Schiffe in Gotenhafen konnten nur zusehen – noch waren ihnen die Hände gebunden.

Am 21. Januar erließ das Oberkommando der Kriegsmarine unter Großadmiral Dönitz den Befehl, die in Gotenhafen stationierten U-Boot-Lehrdivisionen und Marinehelferinnen nach Westen zu verlegen. Dazu – so die lang erwartete Order – sollten die »nicht kampffähige Bevölkerung« aus dem Danziger Raum und die in Gotenhafen wartenden Flüchtlinge aufgenommen werden. Die Anweisung von Dönitz enthielt genaue Zahlen für den Abtransport. Demnach sollten die »Hansa« 3000, die »Hamburg« 5000, die »Deutschland« 6000 und die »Wilhelm Gustloff« ebenfalls 6000 Menschen aufnehmen. Dazu kamen noch einige kleinere Schiffe, doch alle

»Alles musste zurückbleiben«: Flüchtlingsgut im Hafen von Pillau, Frühjahr 1945.

zusammen würden sie wohl kaum mehr als 30 000 Menschen fassen können. Und bereits jetzt waren doppelt, vielleicht dreimal so viele Menschen in der Hafenstadt. Gleichzeitig mit dem Räumungsbefehl erging die Bestimmung, offizielle Fahrausweise in doppelter Ausführung zu vergeben. Eine Panik in der überfüllten Stadt sollte in jedem Fall verhindert werden. Wie ein Lauffeuer verbreitete sich in Gotenhafen die Nachricht, die Schiffe seien freigegeben. Auch die Wartenden wussten – es würde nicht für alle Platz sein. »Jeder wollte mit der ›Gustloff‹ mit«, erinnert sich Waltraud Grüter. »Jeder wollte weg von Gotenhafen. Und alle haben gedacht – ich übrigens auch –, dass einem auf der ›Gustloff‹ nichts passieren könne.«

Winfried Harthun kann sich erinnern, dass seine ältere Schwester abends nach Hause kam und freudig berichtete, sie habe Fahrkarten für den Kreuzer »Admiral Hipper« ergattern können. Sie selbst und ihre kleine Tochter hatten die Erlaubnis, an Bord zu gehen, dazu hatte sie Passagen für ihre Mutter und die beiden kleinen Brüder bekommen. Vater Harthun bremste ihre Euphorie. Seine gesamte Familie auf einem Kriegsschiff – wie auf einem Präsentierteller für den Gegner – über die Ostsee zu schicken erschien ihm viel zu riskant. Auf sein Drängen hin tauschte die Tochter die Karten um. In der örtlichen Kommandantur drückte man ihr neue Passagierscheine in die Hand. Auf den Papierscheinen stand der Name des Schiffes: Es war die »Wilhelm Gustloff«.

An der Pier standen Tausende von Flüchtlingen. Und es kamen immer mehr Schiffe an! Was fahrtüchtig war, brachte Flüchtlinge aus Pillau. Die Leute standen an der Pier und wollten alle auf die »Gustloff«.

WALTRAUD GRÜTER, MARINEHELFERIN

Unter den Schiffen, die an der Gotenhafener Pier lagen, war die »Wilhelm Gustloff« zweifellos das imposanteste. Auf 208,5 Metern Länge und 56 Metern Höhe vom Kiel bis zum Mast verteilten sich zehn Decks, zwei Promenadendecks und das Sonnendeck mit eingerechnet. Allein die Schornsteinattrappe – eigentlich war die »Gustloff« ein Motorschiff – ragte dreizehn Meter in die Höhe.

1945 konnte das erst acht Jahre alte Schiff bereits auf eine bewegte Geschichte zurückblicken. Im Mai 1937 war die »Gustloff« vom Stapel gelaufen, als erster Neubau der »Kraft durch Freude«-Flotte, die in den Folgejahren Tausende deutscher Urlauber an Mittelmeerstrände

»Sie führen unser Volk zum Schönen«: Hitler an Bord der »Gustloff«, März 1938, hinten KdF-Chef Robert Ley

und nordische Fjorde transportierte. KdF-Chef Robert Ley hob anlässlich der Schiffstaufe zu einer flammenden Rede an: »Mein Führer«, schmetterte er Adolf Hitler und der versammelten Menge entgegen, »Sie führen unser Volk zum Schönen. Sie geben ihm einen neuen Lebensstil und eine innerliche und äußerliche Lebenshaltung, die auf das Schöne hinzielt. Sie geben unserem Volke schöne Autobahnen, große und schöne Bauten in Nürnberg, in München und bald auch hier in Hamburg. Wir wollen, dass jeder stark und gesund wird, denn dann wird Deutschland leben und ewig sein!«

Die »Wilhelm Gustloff« war benannt nach dem in die Schweiz entsandten Landesgruppenleiter der Auslandsorganisation der NSDAP. Wilhelm Gustloff, seit 1929 Parteimitglied und glühender Anhänger seines »Führers«, starb am 4. Februar 1936 durch fünf Schüsse aus der Waffe des jüdischen Medizinstudenten David Frankfurter. In einem pompösen Staatsakt in Schwerin trugen Hitler und seine Helfer Wilhelm Gustloff vor 35 000 Trauergästen zu Grabe. »Das deutsche Volk hat einen Lebenden im Jahr 1936 verloren, allein einen Unsterblichen für die Zukunft gewonnen«, hatte Hitler in seiner Grabrede pathetisch verkündet. Nun stand der Name des »Märtyrers« Pate für das »Traumschiff des Arbeiters«.

Die Witwe Wilhelm Gustloffs zerschlug die obligatorische Flasche am Schiffsrumpf und gab damit das Schiff frei zum Stapellauf. Ein knappes Jahr später konnte die »Gustloff« auf Jungfernfahrt gehen. Ein Schwimmbad, sieben Bars, Tanzräume, eine Bücherei, ein Wintergarten, ein Musiksaal, ein Rauchsalon, ein Bordkino – die »Gustloff«

Die »Gustloff« war eines der beiden KdF-Schiffe. Kdf hieß »Kraft durch Freude« und war die Freizeitorganisation der »Deutschen Arbeitsfront«. Die »Gustloff« war das erste Schiff, die »Robert Ley« das zweite. Die »Gustloff« hatte die bemerkenswerte Eigenschaft, dass sie nur Außenkabinen besaß – das gibt es selbst heute bei modernen Schiffen nicht immer. Allerhand für die damalige Zeit also. Sicherlich, das Schiff war nicht zu luxuriös, aber alles war ordentlich und sauber.

JÜRGEN ESSELMANN, OFFIZIER
AUF DER »WILHELM GUSTLOFF«

ließ es an nichts fehlen. Das Sonnendeck und die beiden Promenadendecks luden zum Ausblick auf die Wellen ein. Das untere Promenadendeck war bei kühleren Temperaturen besonders beliebt, da es auf 160 Metern

*»Ein fanatischer Nazi.« Der Schweizer NSDAP-
Landesleiter Wilhelm Gustloff (2. v. l.) auf dem Reichs-
parteitag der NSDAP 1935.*

rundum verglast war und so auch bei schlechtem Wetter genutzt werden konnte.

Sämtliche Kabinen lagen an den Außenseiten und
waren allesamt gleich ausgestattet, mit Ausnahme der
größeren »Führerkabine« für Adolf Hitler, die dieser allerdings nie benutzte. Der Nationalsozialismus – so ver-
mittelte es dieses Schiff – sei ein Sozialismus im besten
Sinne. Der Propagandafilm »Schiff ohne Klassen«, in
dem der »Arbeiter von der Werkbank« seinen Arbeits-
kollegen in der heimischen Fabrik über Telefon aus
direkt vom Schiff von seinen Urlaubserlebnissen berichtete, warb um Reiselustige. Und solcher Luxus war
erschwinglich, auch für den Normalbürger. Gerade
50 Reichsmark kostete eine fünftägige Tour nach Nor-

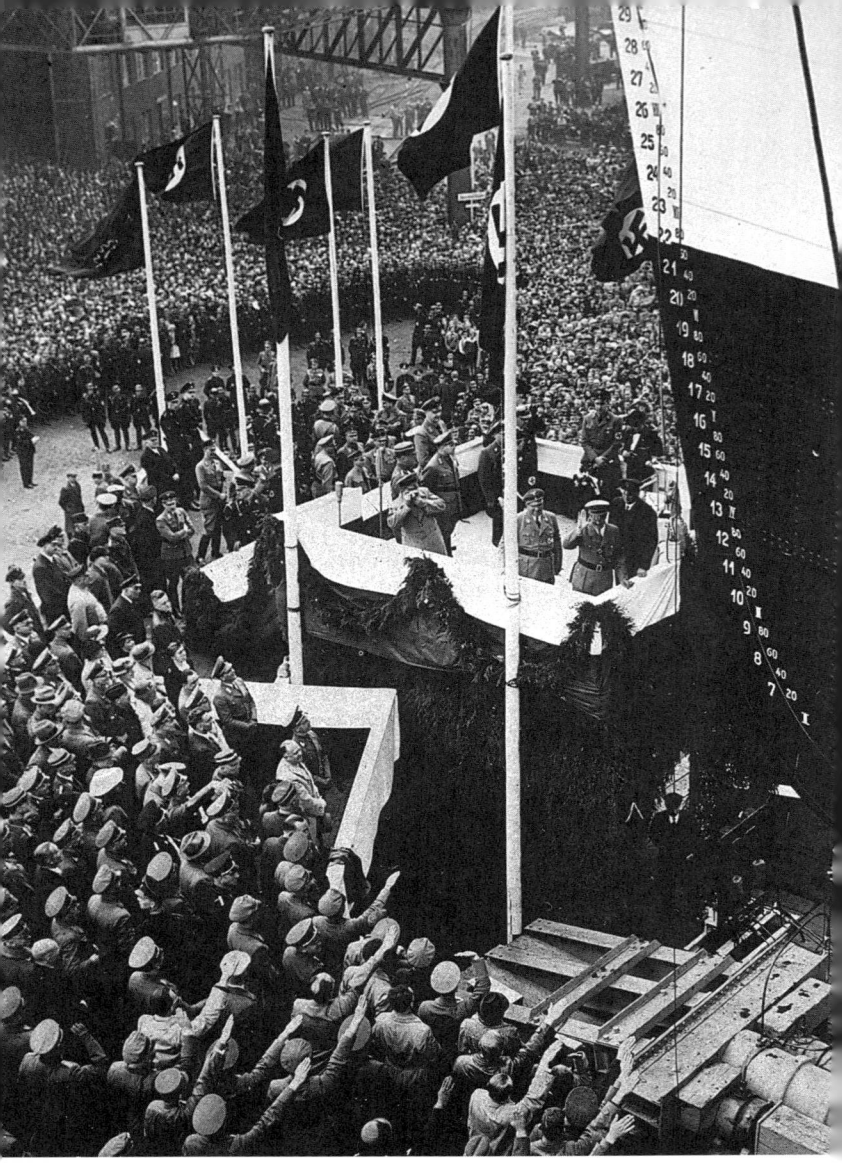

»Kraft durch Freude.« Hitler lässt das neue KdF-Schiff
»Wilhelm Gustloff« taufen, 5. Mai 1937.

»Unter keinem gutem Stern«: Der Stapellauf der »Wilhelm Gustloff«, Mai 1937.

wegen. Auch Hitlerjungen und Mädchen vom »Bund Deutscher Mädel« konnten hier günstige Abenteuerferien erleben. Zur Ausstattung des Schiffes gehörte eine schwimmende Jugendherberge, in der auch die Jüngsten von den vermeintlichen Segnungen des Nationalsozialismus profitieren konnten.

Zu Stapellauf und Jungfernfahrt war die Presse geladen und berichtete pflichtgemäß von den Errungenschaften, die das neue Regime dem einfachen Volk zukommen ließ. Dass das Schiff auch anderen Zwecken zugeführt werden konnte, kam den Chefs der KdF-Organisation gelegen. So diente die »Gustloff« als schwimmendes Wahllokal, als Hitler beim sogenannten »Anschluss Österreichs« auch die Zustimmung von den damals in England lebenden Deutschen und Österrei-

»Für Unterhaltung war ge-
sorgt.« Gemeinschaftsspiele
an Deck des Schiffs, 1938

»Kennst Du das Land …?«
Im Herbst 1938 fährt die
»Gustloff« nach Italien.

»Die Sehnsucht fuhr mit.« Die »Gustloff« läuft im
Oktober 1938 zu einer Mittelmeerkreuzfahrt aus.

»Mit Pauken und Trompeten.« Propagandainszenierung
auf der »Gustloff« anlässlich der Volksabstimmung über den
Anschluss Österreichs, 1938

»Tatort Gustloff.« Die Zustimmung zum Anschluss
Österreichs fällt diesem Zeitgenossen offenkundig schwer.

*»Krieg als Abenteuer.«
Soldaten der »Legion Con-
dor« lassen sich auf der
»Gustloff« fotografieren.*

chern einholen wollte. Wenig überraschend fiel das Wahlergebnis unter denen aus, die zur Stimmabgabe auf die in der Themsemündung ankernde »Wilhelm Gustloff« gekommen waren: 99 von 100 votierten für Hitler. Auch bei der »Heimholung« der »Legion Condor«, die Hitler zur Unterstützung Francos in den spanischen Bürgerkrieg geschickt hatte, war die »Gustloff« dabei und transportierte die Soldaten zurück nach Hamburg.

Nach nur anderthalb Jahren beendete jedoch der Zweite Weltkrieg die Karriere der »Gustloff« als Erholungsschiff. Mit dem Überfall Deutschlands auf Polen im September 1939 wurde sie Lazarettschiff und versorgte die deutschen Truppen in Norwegen. Ein Jahr später legte sie an der Pier von Gotenhafen-Oxhöft an und beherbergte von dieser Zeit an als »schwimmende Kaserne« angehende U-Boot-Fahrer.

Die jungen U-Boot-Männer liebten ihre ungewöhnliche Behausung während der Lehrgänge. Nikolaus Höbel, der gegen Ende des Jahres 1944 auf die »Gustloff« verlegt wurde, ist noch heute beeindruckt. »Das war ein gewaltiges Schiff«, berichtet er. »Wenn man an Ober-

»Der Strom der Flüchtlinge riss nicht ab.«
Zehntausende versuchten, einen Platz auf den Schiffen
nach Westen zu ergattern.

»Sie war unsere einzige Chance, da rauszukommen«:
Die »Wilhelm Gustloff« vor Gdingen (Gotenhafen).

»Vom Urlaubsdampfer zum Lazarettschiff.«
Neben der »Gustloff« nahmen auch zahlreiche andere
Schiffe Verwundete an Bord.

deck stand und schaute fast zwanzig Meter runter auf
die Pier, war das ein tolles Erlebnis. Während meines
dreimonatigen Lehrgangs hatte ich nicht einmal jeden
Raum auf dem Schiff gesehen.« Sein Kamerad Horst
Mankowka schmiedete während der Ausbildung bereits Pläne für die Nachkriegszeit. »Wenn der Krieg vorbei ist«, erzählte er seinen Lehrgangskollegen, »dann
mache ich mit meiner Frau endlich eine Hochzeitsreise,
und zwar auf diesem Schiff.« Doch wann dieser er-
sehnte Zeitpunkt einsetzen würde, wussten im Januar
1945 weder Mankowka noch seine Kameraden. Noch
lag die »Gustloff« als Wohn- und Unterrichtsschiff in
grauem Tarnanstrich an der Pier in Gotenhafen-Oxhöft.
Und seit Jahren hatte sie sich kaum eine Seemeile bewegt.

Marinehelferin Waltraud Grüter war zunächst enttäuscht, als sie das Schiff im Frühjahr 1945 sah: »Ich hatte die ›Gustloff‹ als wunderschönen, weißen Dampfer in Erinnerung. Das ›Dritte Reich‹ hatte sich ja kräftig mit ihr gebrüstet. Und jetzt war sie ganz grau und unansehnlich.« Auch viele andere Flüchtlinge kannten das Schiff aus den Wochenschauen der NS-Propaganda und erinnerten sich an seine komfortable Ausstattung. Selbst wenn der Ozeanriese seine besten Jahre hinter sich hatte – die »Gustloff« würde Sicherheit bieten. Was sollte einem so großen Schiff schon passieren können?

Die Verantwortlichen auf der »Gustloff« jedoch nahmen den Befehl zur Aufnahme einer so großen Passagierzahl mit gemischten Gefühlen entgegen. Das Schiff war lange nicht zur See gefahren, die Stammbesatzung stark reduziert worden. Die meisten ständigen Besatzungsmitglieder waren bereits über fünfzig Jahre alt, kaum einer verfügte über nennenswerte Erfahrungen auf See. Zudem hatte die »Gustloff« im Herbst 1943 einen Bombentreffer abbekommen, und der Schaden war nur notdürftig repariert worden. Seine ursprüngliche Geschwindigkeit von sechzehn Seemeilen würde das Schiff nicht fahren können, so viel war sicher. Immerhin verfügte die »Gustloff« mit Friedrich Petersen über einen Kapitän, der den Ozeanriesen bereits im Mittelmeer geführt hatte und all seine Stärken und Schwächen kannte.

In aller Eile wurde das Schiff wieder seetüchtig gemacht. Die Maschine musste nach so langem Stillstand gründlichst überholt, Alarmanlagen und Schottenschließanlagen auf ihre Funktionstüchtigkeit überprüft werden. Die Borddruckerei schickte sich an, Essenskarten in hundertfacher Ausführung zu fertigen; Mütter mit Kleinkindern sollten spezielle Milchkarten erhalten – es sollte geordnet zugehen an Bord. Kabinen und sanitäre Einrichtungen gab es allerdings für höchstens 2000 Passagiere. Jetzt würde die »Wilhelm Gustloff« jedoch erheblich mehr Menschen aufnehmen müssen.

Zu den Ersten, die die Order erhielten, mit der »Gustloff« nach Westen zu gehen, gehörten die Soldaten der 2. ULD, der in Gotenhafen stationierten U-Boot-Lehrdivision. Viele von ihnen waren bereits seit Längerem in Gotenhafen, die Ausbilder hatten ihre Frauen und Kinder nachgeholt, schienen sie hier doch sicherer zu sein als im Reich, das täglich von alliierten Bombenangriffen heimgesucht wurde.

Die 2. ULD bildete vor allem für den neuen U-Boot-Typ XXI aus. Das neuartige Unterseeboot zählte zu Hitlers vermeintlichen »Wunderwaffen«, die gleichsam in letzter Minute eine Wende des Kriegsgeschehens erzwingen sollten. Jürgen Esselmann, Ausbilder der 2. ULD in Gotenhafen, erinnert sich, dass um das U-Boot XXI große Geheimhaltung betrieben wurde. »Nur die Offiziere durften in Danzig die Prototypen begutachten.« Tatsächlich war dieses Modell im Vergleich zu seinen Vorgängern erheblich verbessert worden. U-Boot XXI musste seltener auftauchen, da es mit einer Motorenentlüftung über der Wasseroberfläche ausgestattet und vor allem erheblich schneller war als seine Vorgängertypen. Die bundesdeutsche Marine nutzte dieses Modell in der Nachkriegszeit noch lange, im Zweiten Weltkrieg aber kam es nicht mehr zum Einsatz. Auch Jürgen Esselmanns Schützlinge zogen nicht mehr als U-Boot-Fahrer in den Krieg. Ganz im Gegenteil – immer häufiger waren die jungen Rekruten in den letzten Monaten zum Landeinsatz kommandiert worden, um Panzer- und Schützengräben rund um die Danziger Bucht auszuheben.

In eiligen Lehrgängen wurden auch die Marinehelferinnen der Region zu »Luftraumbeobachterinnen« umgeschult, denn in der Danziger Bucht hatten die Angriffe der Alliierten während der letzten Wochen erheblich zugenommen. Der neunzehnjährigen Ingeborg Dorn hatte ihre Mutter angeraten, sich doch zum Einsatz bei der Marine zu melden. »Da bist du wenigstens an der frischen Luft«, hatte sie ihrer Tochter gesagt.

Zunächst war der Aufenthalt in der Danziger Bucht auch recht kurzweilig gewesen. »Sobald wir Freigang hatten, ging's ab nach Gotenhafen«, erinnert sich Ingeborg Dorn heute. Doch in den ersten Januarwochen hörte man bereits den Kanonendonner der Front. Ingeborg Dorn war wie ihre Kameradinnen erleichtert, als die Order zu ihrer Einschiffung auf der »Gustloff« kam. Immer öfter hatten Flüchtlinge von Gräueltaten der vorwärtsstürmenden Rotarmisten berichtet. Und wer kannte nicht den Namen »Nemmersdorf« und die schrecklichen Geschehnisse, die sich dort abgespielt hatten? Immer wieder hatte die deutsche Propaganda die Verbrechen der Russen in Wochenschauen und Zeitungen angeprangert und die tatsächlich grausame Wahrheit absichtlich noch grausamer gestaltet. Propagandaminister Goebbels hatte darauf spekuliert, auf diese Weise den Widerstandswillen der Bevölkerung zu stärken. Doch diese Rechnung ging nicht auf. Statt mit Gegenwehr und Standvermögen reagierte die Bevölke-

*»Dann waren wir eingekesselt.« Deutsche Einwohner
fliehen aus dem belagerten Danzig.*

rung der deutschen Ostgebiete mit panischer Flucht.
»Wir dachten nur, Hauptsache, es geht nach Westen«,
erinnert sich Ingeborg Dorn, »wir hofften natürlich, dass
da die Amerikaner sein würden.«

Als Ursula Resas den Einschiffungsbefehl für die
»Gustloff« erhielt, atmete sie auf. Ihre Schwester Rosemarie aber sträubte sich. Die Vorstellung, im Bauch dieses Ozeanriesen über die verminte Ostsee zu fahren,

war ihr einfach unheimlich. Vater Resas musste erst ein Machtwort sprechen, dann gab seine Tochter schließlich nach. »Er hat auf sie beruhigend eingeredet«, erinnert sich Ursula, »und gesagt: ›Mutti und die kleinen

»Alle wollten nur noch weg.« Glück hatte, wer in einen der letzten Züge Richtung Westen gelangte.

Geschwister sind irgendwo unterwegs, bleibt wenigstens ihr beiden zusammen!‹« An diesen Satz ihres Vaters erinnerten sich die Schwestern wenige Tage später.

Wie Rosemarie Resas beschlich auch Helene Kremmer ein klammes Gefühl, als sie die »Gustloff« sah. Ihr Mann Franz gehörte zur 2. ULD und hatte die Erlaubnis bekommen, seine Frau an Bord zu holen. Sie allerdings hatte die Hoffnung noch nicht aufgegeben, vielleicht doch noch einen der letzten Züge nach Westen zu erwischen. »Ich habe meinen Rucksack gepackt und bin schnurstracks zum Bahnhof«, erzählt sie, »aber dann habe ich die überfüllten Züge gesehen, die toten Kinder und bin schleunigst wieder zurück.«

Auch Irmgard Harnecker drehte sofort wieder um, als sie am Bahnhof mitbekam, wie Leichen aus den Zügen herausgetragen wurden. Ihre Tochter Ingrid war erst zwei Jahre alt. »Ingrid war ein besonders süßes Baby«, erinnert sich die Mutter noch heute lächelnd. »Sie war ein Püppchen und lernte gerade laufen.« Für die strapaziöse Reise auf dem Landweg aber war das Mädchen einfach zu klein. Es gelang ihrem Mann, der in Gotenhafen auf einem Kriegsschiff stationiert war, für Frau, Kind und Schwägerin Passagen auf der »Gustloff« zu organisieren. »Wir haben den Kinderwagen geschnappt, das Kind reingelegt und alles, was wir so packen konnten, und haben das Wägelchen durch den hohen Schnee ans Schiff geschoben«, erinnert sich Irmgard Harnecker.

Am 25. Januar öffnete die »Gustloff« ihre Tore auch für die Flüchtlinge. Hans-Joachim Elbrecht, der als Offizier an der Einschiffung beteiligt war, erinnert sich: »Das lief in den ersten Tagen unglaublich diszipliniert. Die Leute hatten Geduld und warteten darauf, bis wir sie übernahmen.«

Mit Booten und Barkassen fuhren die Soldaten immer wieder an die Piers und versuchten, den Flüchtlingsstrom zu ordnen. Zunächst wurde vorgelassen, wer über einen ordentlichen Fahrschein verfügte. Das waren vor allem Menschen aus dem Danziger Raum, die sich an den örtlichen Dienststellen rechtzeitig hatten registrieren lassen. Wer allerdings gerade erst in der Stadt eingetroffen und direkt an den Hafen gekommen war, hatte keinen Fahrschein. Doch die Matrosen und Marinehelferinnen brachten es kaum übers

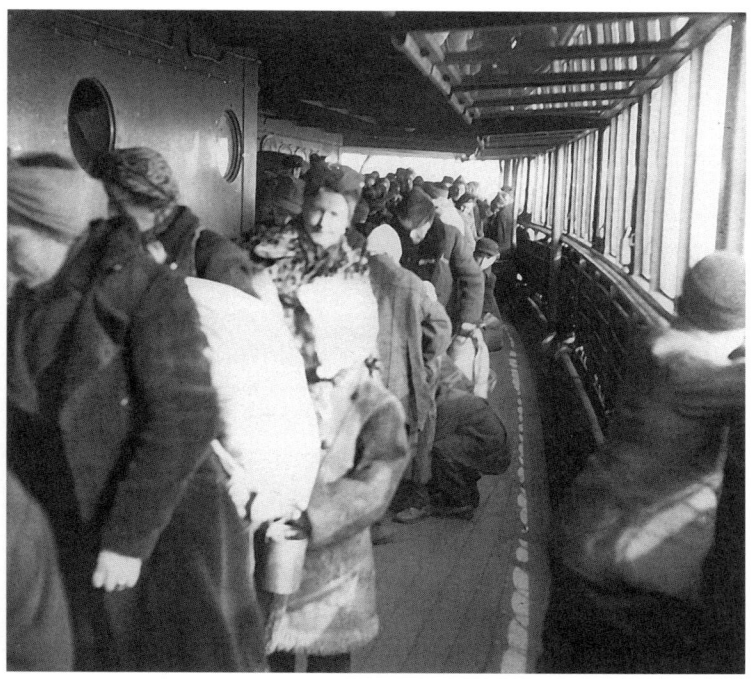

»Jeder Platz war belegt.« Auch das Promenadendeck der »Gustloff« nahm Teile der Flüchtlingsmassen auf.

Herz, die durchgefrorenen Menschen zurückzuweisen, die ohne Ausweis um Aufnahme baten. Die »Gustloff« hatte die Order, vor allem Mütter mit Kindern einzulassen und die anderen Flüchtlinge auf die ebenfalls im Hafen liegenden Schiffe wie die »Hansa« oder die »Vega« zu verweisen. Doch wo sollte die Grenze gezogen werden? An der Pier standen auch Frauen mit vierzehn- oder fünfzehnjährigen Söhnen, manche sahen nach der strapaziösen Flucht älter aus, als sie eigentlich waren. Die Mütter versicherten verzweifelt, ihr Bub sei noch ein Kind, sie bräuchten ihn dringend bei der Betreuung der kleineren Geschwister. Ließen die Marinehelferinnen und Einschiffungsmatrosen die Halbwüchsigen jedoch auf das Schiff, riskierten sie Ärger mit den Feldjägern, die im überfüllten Gotenhafen nach jungen Männern für den »totalen Kriegseinsatz« suchten.

Marinehelferin Ingeborg Dorn war eingeteilt worden, um bei der Einschiffung mitzuhelfen. Sie erinnert sich: »Da kamen Schlitten an, mit der Urgroßmutter, mit der Großmutter, mit neugeborenen Kindern. Die Kinder hatten tiefe Risse in ihren Bäckchen, die waren regelrecht vom Frost zerbissen.« Die junge Frau nahm sich beherzt solcher Kinder an und organisierte im Lazarett Vaseline, um die rauen Wangen der Kleinen einzureiben. Gegen die seelischen Wunden der Flüchtlinge aber konnte sie nichts ausrichten. »Die Menschen, die von den Schlitten stiegen, waren zu Tode erschöpft von der Flucht und es war irgendwie eine sehr traurige, sehr deprimierte Stimmung.« Doch immer häufiger konnte die Marinehelferin auch ein Lächeln auf den Gesichtern der abgekämpften Flüchtlinge sehen. »Einmal an Bord, schöpften die Menschen wieder Hoffnung«, so Ingeborg

Dorn. »Sie hatten das Gefühl, dass sie es doch noch geschafft hatten.«

Langsam und systematisch füllte sich der Bauch des Schiffes mit Menschen. An der Pier stapelten sich die zurückbleibenden Schlitten und Gepäckstücke. Manch einer der wohlhabenderen Flüchtlinge musste mit mehr oder minder starkem Nachdruck davon überzeugt werden, dass für mehrere Taschen oder ausladende Schrankkoffer kein Platz war. Hans-Joachim Elbrecht erinnert sich an eine Dame, deren Gepäck allein eine ganze Kabine gefüllt hätte. Verärgert versuchte der Offizier der Frau klarzumachen, dass ein solch egoistisches Verhalten das Leben anderer aufs Spiel setzen könnte. Als sie sich jedoch weiterhin uneinsichtig zeigte, wiesen die Männer der »Gustloff« sie zurück. Es galt schließlich in erster Linie, die andrängenden Großfamilien unterzubringen. Da konnte für solche Extratouren kein Platz sein.

Schon bald kam die Nachricht, dass alle Kabinen besetzt waren. Doch immer weiter schoben sich die Menschen über das hölzerne Fallreep der »Gustloff«. Jeder Einzelne wurde namentlich registriert und mit der Frage konfrontiert, wer im Fall eines Unglücks benachrichtigt werden sollte. Die meisten Flüchtlinge waren über diese Frage überrascht – hatten sie denn das Schlimmste nicht bereits hinter sich? Wer konnte, gab die Adresse eines

> *Der Strom der Flüchtlinge, die auf die »Gustloff« kamen, riss überhaupt nicht mehr ab. Es gab keine halbe Stunde, in der niemand kam. Anfangs konnte man noch durch die Speisesäle gehen oder sich hinsetzen und dort eine Suppe löffeln; nachher lagen dort überall nur noch Matratzen und Leute. Jeder Platz war belegt, so viele Menschen waren an Bord.*
> INGEBORG PIEPMEYER, FLÜCHTLING

[handschriftliche Notiz:] ✱ Flüchtlinge in Memel: Unterkunft auf der "Sumatra" [Schiffsname] altes Ehepaar / - Mathea u. junges Mädchen auf Kohlekahn!

61

Bekannten oder Verwandten im Westen an. Doch hinter vielen Namen konnte nur ein Lücke gelassen werden. Familie und Freunde waren selbst auf der Flucht oder an der Front vermisst. Immer wieder mussten die Marinehelferinnen erklären, dass Feldpostnummern als Adresse nicht akzeptiert werden konnten. Ungeduldig warteten die Hintenstehenden, während vorn an der Tür versucht wurde, die aufgenommenen Flüchtlinge so ordentlich wie möglich zu registrieren. Und immer wieder mussten die Wartenden beiseitetreten, wenn ein neuer Transport verwundeter Soldaten von der Front herangefahren wurde oder ein weiterer Zug Marinehelferinnen in die »Gustloff« hastete. Denn die Männer und Frauen der »kampffähigen Einheiten« hatten Vortritt, egal, wie viele Flüchtlinge noch an der Pier standen.

Im Schiffsinneren begann die Mannschaft zu improvisieren. Aus der Musikhalle, dem Festsaal, dem Kino und dem Theater verschwand das Mobiliar und wurde durch Matratzen ersetzt. »Es sah nach kurzer Zeit so aus, als sei das Schiff bis auf den letzten Winkel gefüllt. Die Leute lagen bereits wie die Heringe nebeneinander«, erinnert sich Ursula Resas. Staunend schauten sich die Flüchtlinge in ihren seltsamen Quartieren um. Manch einer, der die letzten Nächte unter freiem Himmel verbracht hatte, blickte nun nach oben in einen Kristallleuchter oder breitete seine Decke auf einem Tanzparkett aus.

In der Nähe des Krankenreviers nahe dem Oberdeck entstand eine Entbindungsstation für die Schwangeren unter den Flüchtlingsfrauen. Ingeborg Piepmeyer war bereits im neunten Monat, als sie auf der »Gustloff« um Aufnahme bat. Der Vater des Kindes, das sie erwartete, war an der Ostfront, für eine Hochzeit war keine Zeit mehr geblieben. Die Schwangere hatte mit wach-

*»Originalbriefe noch vorhanden« Teenaat + Belzen•

»Die nicht kampffähige Bevölkerung ist zu evakuieren«:
Mutter und Kind bei der Einschiffung.

»Nur das nackte Leben«: Einschiffung im Januar 1945.

sendem Entsetzen gesehen, wie sich Gotenhafen mehr
und mehr füllte. Wer sollte ihr helfen, wenn das Kind
zur Welt kommen wollte? Als sie den Aufgang zur
»Gustloff« passiert hatte, war sie unendlich erleichtert.
Hier gab es Ärzte und Schwestern und die improvisierte
Wöchnerinnenstation hielt mehr Komfort bereit, als
sie zu hoffen gewagt hatte. Viele Frauen waren hier in
der gleichen Situation wie sie. Wenn sie das alles schon
allein durchstehen musste, gab es wenigstens andere
Frauen, mit denen sie sich austauschen konnte.

Am 28. Januar erreichte auch der KdF-Riese seine Ka-
pazitätsgrenzen. Die letzte Kabine wurde besetzt – sie
war für die Familie des örtlichen NSDAP-Kreisleiters

freigehalten worden. Jetzt mussten die Gänge herhalten, um den nicht enden wollenden Strom der Flüchtlinge aufzunehmen. Die Stammbesatzung beobachtete mit mulmigen Gefühlen, wie ein Fluchtweg nach dem anderen mit Matratzen und Gepäckstücken zugepackt wurde.

Sogar das Schwimmbassin funktionierte man zum Schlafsaal um. Hier, im tiefsten Deck des Schiffes, fanden viele der Marinehelferinnen Quartier – einige Meter unter der Wasseroberfläche. Die meisten der jungen Frauen gingen wieder an Deck, nachdem sie notdürftig ihr kleines Gepäck untergebracht hatten. Noch immer galt es, den Flüchtlingen Plätze zuzuweisen. Den meisten war es völlig egal, wo sie unterkamen. »Alle waren froh, auf dem Schiff aufgenommen worden zu sein, sie glaubten, einen sicheren Hort gefunden zu haben«, erinnern sich die Marinehelferinnen.

Die Mannschaft der »Gustloff« bemühte sich, den entkräfteten Menschen an Bord jede mögliche Hilfestellung zu geben. Die Schiffsküche produzierte gigantische Mengen Erbsensuppe, es wurden 60 halbe Schweine, mehrere Tonnen Mehl, Zucker, Milchpulver, Kartoffeln und Brot verladen, die Marinehelferinnen nahmen sich der Kinder an. Einige der kleinen Passagiere hatten bei ihrer Entdeckungsreise auf dem überfüllten Schiff ihre Begleitpersonen verloren. Über die Lautsprecher tönten schon bald die ersten Suchmeldungen. Auch der kleine Winfried Harthun und sein Bruder gingen auf Erkundungstour. Zunächst einmal besuchten sie die Schwester, die als Schwangere eine Kabine zugewiesen bekommen hatte, danach wurden die Decks in Augenschein genommen. Am interessantesten waren natürlich die Speisesäle. »An diese Erbsensuppe kann ich mich sogar heute noch erinnern«, berichtet Winfried Harthun.

Der 1. Offizier der »Gustloff«, der schon 68-jährige Louis Reese, beobachtete die wachsende Passagierzahl mit zunehmender Besorgnis. Während der langen Liegezeit des Schiffes im Hafen hatten viele seiner motorisierten Rettungsboote abgegeben werden müssen, da man sie bei Luftangriffen als Basis für die Nebelwerfer benötigte. Gerade einmal zwölf Rettungsboote waren dem Schiff verblieben. Sie würden im Ernstfall höchstens 700 Menschen Platz bieten können. Nun aber drängten sich Tausende auf der »Gustloff«. Seine Bitte, die motorisierten Boote der »Gustloff« zurückzubekommen, hatte die Hafenleitung zurückgewiesen. Nur mit Mühe gelang es Louis Reese nun noch, Marinekutter und Korkflöße für etwa 5000 Mann aufzutreiben. Die Boote wurden eiligst auf das Sonnendeck verladen und vertäut. Die Flöße, die im Notfall zwei bis zehn Personen Platz boten, stapelte man übereinander. Für die meisten Passagiere würde gesorgt sein, die anderen würden sich im Falle eines Unglücks mit Schwimmwesten behelfen müssen. Diese waren ausreichend vorhanden, zumindest für die offiziell registrierte Anzahl der Passagiere.

Den Flüchtlingen war es egal, wo sie lagen, ob auf der Treppe oder in den Gängen. Die Hauptsache war, dass sie in Sicherheit waren. Jeder hat sich irgendwie gefreut auf die Fahrt über die See nach Westen.

NIKOLAUS HÖBEL, FUNKMAAT
AUF DER »WILHELM GUSTLOFF«

Auch der Kapitän der »Gustloff«, der 63-jährige Friedrich Petersen, war nervös. Er war seit Jahren nicht mehr zur See gefahren und traute sich die Überfahrt mit derart vielen Menschen an Bord einfach nicht mehr zu. Die Kommandantur zeigte Verständnis. Es wurden zwei junge

»Froh, endlich auf dem Wasser zu sein.« Tausende versuchten, einen Platz auf den wenigen Schiffen zu bekommen.

Fahrkapitäne, Heinz Weller und Karl-Heinz Köhler, auf die »Gustloff« kommandiert. Sie sollten das Schiff auf seiner gefährlichen Passage führen. Petersens Hauptsorge galt nun der Organisation von Geleit. Um der großen Anzahl an Flüchtlingsschiffen auf hoher See ausreichenden Schutz vor U-Booten zu bieten, waren einfach zu wenig Geleitfahrzeuge in Gotenhafen. Petersen versuchte sich damit Mut machen, dass es bereits seit Langem in der Danziger Bucht keinen U-Boot-Alarm mehr gegeben hatte. Am 25. Januar traf zudem die Nachricht ein, dass die 1. ULD auf dem Schwesterschiff der »Gustloff«, der »Robert Ley«, sicher im Westen angelangt war.

Wie viele Passagiere würde die »Gustloff« aufnehmen? Und wann würde es endlich losgehen? Gerüchte kursierten zur Genüge. »Es hieß, heute laufen wir aus, dann wieder, morgen geht es los«, erzählt Ursula Resas. »Und so verging ein Tag nach dem anderen.« Die Nachricht von der Eroberung Elbings durch die Rote Armee am 23. Januar hatte sich schnell verbreitet. Damit trennten die Russen nur noch wenige Kilometer von Gotenhafen. In wenigen Stunden könnten sie die Hafenstadt erreichen. Wer würde dann bereits auf dem Weg nach Westen, wer an der Pier zurückgeblieben sein? Das Drängen auf der Gangway nahm zu, keiner wollte, dass sich vor ihm die Schiffstür schloss.

Am Spätnachmittag des 29. Januar 1945 wurde die akribische Registrierung der Flüchtlinge eingestellt, die Kladden der Marinehelferinnen waren restlos vollgeschrieben. »Wir haben gesagt, jetzt lassen wir sie einfach rein«, erinnert sich Marinehelferin Ingeborg Dorn. »Wir konnten doch nicht einfach sagen, dass wir jetzt die Tür zumachen.«

Das saubere Abtippen der Registrierungslisten unter Deck, auf das zu Beginn der Einschiffung noch Wert ge-

> *Der Andrang wurde so stark, dass eine Registrierung fast nicht mehr möglich war. Es wurde nur noch gezählt, aber nicht mehr registriert. Die Leute bekamen natürlich ihr Quartier zugewiesen, aber zuletzt gab es keine Quartiere mehr, es gab nur noch Gänge und Treppen. Aber die Menschen waren froh, dass sie überhaupt an Bord waren. Wie die aus der winterlichen Kälte von 15 bis 20 Grad minus auf das warme Schiff kamen, fühlten sie sich gerettet. Für die Leute war das Schiff eine Festung.*
>
> HEINZ SCHÖN, ZAHLMEISTERASPIRANT
> AUF DER »WILHELM GUSTLOFF«

[handschriftliche Randnotiz: Wie in Memel]

Einschiffungsliste der "Wilhelm Gustloff"
.-.

Lfd.Nr.	Name:	Vorname:	Anschrift der nächsten Angehörigen:
1)	Arendt	Brigitte	Hildesheim, b. Hamm, Kappenstr. 35
2)	Arendt	Gertrud	
3)	Arendt	Helene	ist gettel.
4)	Arnedt	Helene	Kittler, Revensdorf Post Gettdorf
5)	Arendt	Brigitte	
6)	Arendt	Emma	
7)	Aschauer	Lotte	b.Ewald, Kiel, Wrangelstr. 31
8)	Aschauer	Inge	
9)	Aschauer	Ruth	
)	v.Aulock	Ursula	Romanowski,Berlin-Tempelhof,Badinerrin
)	v.Aulock	?	
12)	Arend	Gertrud	Fam. Albert Wittke, Wattenscheid 1/U
13)	Ahrenknecht	Klaus	Ahren-knecht,Berlin-Adlershorst, Handjerysstr. 30
14)	v.Aulock	Hubertin	
15)	Ahrenknecht	Meta	
16)	Ahrenknecht	Hedwig	
17)	Ahrenknecht	Gerda	
18)	Ammann	Ilse	Ammann, Hinterstein b.Hindelang im Haus Merk
19)	Ammann	Rupert	
	Ammann	Gerd	
	Ammann	Peter	
22)	Ammann	Ursula	
23)	Ammann	Bärbel	
24)	Altermann	Karl	Martha Haller, Rathenow,Adolf-Hitler-Ring 32
25)	Altermann	Karlaus	
26)	Altermann	Fritz	
27)	Altermann	Margarete	
28)	Axonik		keine Anschrift
29)	Armbrust	Margarete	Major Ernst Krause, Kolberg, Moltkes
)	Armbrust	Doris	

»Am Ende war keine Registrierung mehr möglich.«
Nur einige wenige Blätter der Einschiffungsliste sind
erhalten geblieben.

legt worden war, hatte man längst eingestellt. Waldemar Terres, einer der Einschiffungsoffiziere der »Gustloff«, hat sich die Zahl genau gemerkt, die als Letztes auf der Registrierungsliste stand: 7956. So viele Passagiere waren demnach bereits 20 Stunden vor dem Auslaufen der »Gustloff« an Bord. Ursula Resas wurde Zeugin einer Unterhaltung zwischen zwei Offizieren, die sich darüber verständigten, dass die Listen nun von Bord gehen würden. »Sie sagten, dass aber bereits jetzt viel mehr Menschen an Bord seien, als auf den Listen registriert«, erinnert sich die Marinehelferin. Ihre damalige Kollegin Ingeborg Dorn schätzt, dass nach Ende der Registrierung noch etwa 2000 Menschen aufgenommen wurden. Damit könnten zum Zeitpunkt des Ablegens annähernd 10000 Menschen an Bord der »Wilhelm Gustloff« gewesen sein.

Teile der Einschiffungsliste der »Gustloff« sind erhalten geblieben. Heinz Schön, der Zahlmeisteraspirant des Schiffes, rettete die wertvollen Dokumente später aus Danzig, wohin sie in den Wirren der letzten Kriegstage geraten waren. Für viele Angehörige sind diese Listen in der Nachkriegszeit die einzige Hoffnung gewesen, das ungewisse Schicksal eines Verwandten aufzuklären. Noch heute erreichen Schön fast täglich Anfragen von Personen, die noch immer nach einem Angehörigen suchen und ihn auf der »Gustloff« vermuten. In der Regel muss er den verzweifelt Suchenden eine negative Auskunft geben. In wenigen Fällen immerhin konnte der Verbleib von Personen aufgeklärt werden – wenn sich auch meist nur die Gewissheit ergab, dass der Gesuchte tot war.

Für eine andere Familie wurde die Registrierungsliste der »Gustloff« zum Schicksal, obwohl alle Familienmitglieder den Krieg überlebten. Der Vater des späteren Regierungssprechers Uwe-Karsten Heye, der seine Frau und die beiden Söhne nach Kriegsende suchte, erhielt die Auskunft, da alle drei Namen auf der Einschiffungsliste der »Gustloff« verzeichnet seien, müsse man davon ausgehen, dass sie umgekommen seien. Tatsächlich aber hatte sich Mutter Heye in letzter Minute entschlossen, ihre Passagen auf der »Gustloff« zurückzugeben und den Landweg zu wählen. Im sicheren Glauben, seine Familie verloren zu haben, suchte der Vater nicht mehr weiter. Erst in

> *Es konnten ja nicht alle auf die »Gustloff«. Das war katastrophal, einer hat den anderen weggedrängt. Es haben sich auch Männer raufschmuggeln wollen, die dann wieder runtergeschickt worden sind.*
>
> URSULA RESAS, MARINEHELFERIN

den 60er-Jahren fanden die Heyes durch Zufall wieder zueinander. Doch für die Familie war es zu spät: Beide Elternteile hatten inzwischen ein neues Leben begonnen.

Für diejenigen, die am Eingang der »Gustloff« verzeichnet wurden, war die Registrierung in den letzten Januartagen des Jahres 1945 eine reine Formsache, lästig noch dazu, denn wer hatte schon Lust, nach tagelanger Flucht auf bürokratische Fragen zu antworten? Jeder wollte schnellstmöglich ins warme Innere des Schiffes. Und so bald als möglich, ging es nach dem Willen der Flüchtlinge, sollte die »Gustloff« dann ablegen.

Auch Korvettenkapitän Wilhelm Zahn, Kommandant der 2. ULD, drängte zum Aufbruch. Schließlich hatte er den Befehl, seine Männer in den Westen zu bringen, wo sie weiter ausgebildet oder aber noch im Kampf eingesetzt werden sollten. Er befürchtete zudem, dass die Ballung von Schiffsraum in Gotenhafen dem

71

»Alles, was schwimmen konnte.« Jeder Fischkutter wurde zum Transport von Flüchtlingen benutzt.

Gegner nicht verborgen geblieben war. Immer wieder tauchten gegnerische Aufklärungsflugzeuge in der Ferne auf. Die Gefahr eines Luftangriffs auf den Hafen stieg mit jedem weiteren Tag. Am Abend des 29. Januar fiel dann die Entscheidung: Die »Gustloff« würde am Mittag des nächsten Tages auslaufen. Mit ihr würden der Dampfer »Hansa« und drei Geleitsicherungsboote der U-Boot-Waffe den Weg über die Ostsee nehmen.

Aus der Sicht der Verantwortlichen war die Entscheidung, Gotenhafen zu verlassen, verständlich; rückblickend hat sie sich als falsch erwiesen, denn die militärische Situation entwickelte sich anders, als Schiffs- und Marineleitung angenommen hatten. Erst Wochen später hat die Rote Armee Gotenhafen erobert. Und ein Liegetag mehr in Gotenhafen hätte das Schicksal der »Gustloff« vielleicht gewendet.

Abschied

Es war der 30. Januar 1945 – zwölfter Jahrestag von Hitlers Machtergreifung. Wilhelm Gustloff, der Patron des Schiffes, wäre an diesem Tag fünfzig Jahre alt geworden. Die Flüchtlinge an der Pier bemerkten, dass sich das Schiff langsam auf das Ablegen vorbereitete. Jetzt wurde es ernst. »Am Morgen des 30. Januar ist alles an Bord gestürzt. Das war freier Sturm«, erinnert sich Einschiffungsoffizier Hans-Joachim Elbrecht. »Da gab es keine Zurückhaltung mehr, das verlief absolut brutal. Sogar kleine Kinder wurden weggestoßen.« Gegen Mittag zog die »Gustloff« die Verbindungstreppen zum Kai ein und schloss das Tor zum Einschiffungsdeck. Zurück blieb eine Pier, die noch immer schwarz von Menschen war. Alle, die an diesem Morgen an der Einschiffung beteiligt waren, erinnern sich genau daran, wie sie die Wartenden zurücklassen mussten. Man würde zurückkommen, es kämen weitere Schiffe, versicherte die Mannschaft. Die Wartenden sollten es doch auf einem anderen Schiff versuchen, da sei sicherlich noch Platz. Ob das wirklich stimmte, wusste keiner. Aber ir-

Am 30. Januar beschloss man, keine Menschen mehr an Bord zu nehmen, und erklärte, dass das Schiff voll sei. Die Leute unten an der Pier waren wütend, weil sie zum Teil Angehörige an Bord hatten. Einige versuchten, noch heraufzukommen, wurden aber vom Deckoffizier abgewiesen.

NIKOLAUS HÖBEL, FUNKMAAT
AUF DER »WILHELM GUSTLOFF«

gendwie musste man die Menschen doch trösten. Für viele Flüchtlinge am Kai entschied sich in diesem Moment ihr Schicksal – zum Guten, doch das konnte niemand ahnen.

Helfer an Land schlugen die vereisten Trossen los, die den Ozeanriesen gehalten hatten. Vier Schlepper drehten das Schiff in Position und zogen es in Richtung offene See. Meter um Meter vergrößerte sich der Wasserabschnitt zwischen der »Gustloff« und dem Land, das für viele der Passagiere die Heimat gewesen war. Einige Flüchtlinge kamen noch einmal an Deck, um den Zurückbleibenden zuzuwinken.

Ursula Resas, die sich in den vergangenen Tagen zunehmend Sorgen gemacht hatte, war nun erleichtert. Sie erinnert sich: »Ein Matrose stand in der Tür und sagte zu mir: ›Mädchen, ist das nicht schön, dass wir fahren? Ich habe noch eine schöne Flasche Cognac und würde Sie gern dazu einladen.‹« Das ließ sich die junge Marinehelferin nicht zweimal sagen. Mit jedem Meter, den der Bug der »Gustloff« weiter nach Westen pflügte, schien die drohende Gefahr zurückzubleiben. Ihre Kollegin Waltraud Grüter jedoch bewegten in diesen Momenten andere Gedanken. »Ich stand oben mit einer Kameradin an der Reling«, berichtet sie, »und plötzlich war uns klar: Wir kommen nicht zurück. Das war ein Gefühl von tief innen heraus. Wir haben ganz bewusst Abschied genommen.«

Kurz nach dem Ablegen hielten die Schlepper bereits wieder inne, die »Gustloff« wurde langsamer. Seitlich hatte ein kleines Motorschiff aus Pillau namens »Reval« angelegt, über und über beladen mit Flüchtlingen. Und wieder wurden Fallreepe heruntergelassen. Wie die Katzen krabbelten noch einmal mehrere hundert Men-

»Wir kommen nicht zurück«: Das letzte Foto der »Wilhelm Gustloff« vor Gotenhafen, 29. Januar 1945.

schen an Bord des ehemaligen Vergnügungsdampfers. Die damals vierzehnjährige Ursula Birkle war mit ihrer Mutter in Pillau gestrandet und hatte nur mit größter Mühe eine Passage auf der »Reval« ergattern können. Sie erinnert sich: »Als wir auf Gotenhafen zusteuerten, sahen wir da die große ›Gustloff‹, die im Begriff war auszulaufen. Wir wussten, es war unsere einzige Hoffnung, da noch draufzukommen. Direkt hinter uns wurden die Leitern eingezogen, und die Fahrt ging los.«

Begleitet von schweren Schnee- und Hagelschauern glitt die »Wilhelm Gustloff« schließlich am 30. Januar 1945 gegen 13 Uhr aus dem Hafenbecken von Gotenhafen-Oxhöft und nahm Fahrt auf. Kapitän Friedrich Petersen wusste noch nicht, wohin es gehen sollte. Erst auf See – so hatte man ihm gesagt – würde er sein Ziel erfahren; wahrscheinlich Kiel oder Flensburg. Zwei Tage, länger nicht, würde es dauern, bis seine Passagiere sicher im Westen angelangt seien.

Wenige Seemeilen weiter westlich versuchte zur gleichen Zeit ein anderer Kapitän seine Mannschaft bei Laune zu halten. »Wir durften weder rauchen noch auf die Toilette gehen. Zigaretten gab's nur, wenn das Boot auftauchte. Dann konnten wir über die Ventilation etwas frische Luft schnappen, das war's«, erinnert sich Elektriker Alexej Astachow. Sein Mannschaftskamerad, Funker Iwan Schnabzew, ergänzt: »Wir hatten unter Deck nie genug Luft. Wenn man ganz ruhig dalag und sich kaum bewegte, war es zu ertragen. Aber sobald man sich in der Koje wälzte, ging einem schon die Puste aus.«

Beide gehörten zur Mannschaft von »S 13«, einem russischen U-Boot unter dem Kommando des 32-jährigen Kommandanten Alexander Marinesko. Fast zwanzig Tage waren sie nun schon unterwegs – ohne nennenswerte Ereignisse. Wäre es nach den Befehlen der sowjetischen Marineobrigkeit gegangen, hätte die Fahrt schon eine Woche länger angedauert. Am 2. Januar 1945 hatte »S 13« den Befehl erhalten auszulaufen. Doch der Kommandant war nicht zum Dienst erschienen, sondern auf eine ausgedehnte Zechtour gezogen. Nur mit Mühe konnte die Militärpolizei den Kommandanten bei einer Dame von zweifelhaftem Ruf aufspüren; man verdächtigte ihn bereits der Spionage. Zurück an Bord drängte man Marinesko, sein Kommando niederzulegen. »Die Mannschaft war gegen seine Suspendierung«, erinnert sich Elektriker

»Dienst auf Bewährung«:
Der Kommandant von »SB«
Alexander Marinesko

Astachow, der noch heute große Stücke auf seinen damaligen Chef hält. »Wir sagten, wenn der Kommandeur nicht mit auf See kommt, gehen wir auch nicht.« Nach längeren Debatten konnte das Boot am 11. Januar endlich auslaufen. Marinesko würde Erfolge aufweisen müssen, wollte er seinen angeschlagenen Ruf rehabilitieren.

Einen Tag vor dem Beginn der russischen Winteroffensive reihte sich »S 13« wieder in die aktive Truppe ein. Es war zu erwarten, dass der deutsche Schiffsverkehr in Richtung Westen in den nächsten Tagen stark zunehmen würde. Die Standardrouten aus der Danziger Bucht waren bekannt. Man würde hier nur abwarten müssen, über kurz oder lang musste ein Schiff den Weg von »S 13« kreuzen. Ungefährlich war die Mission nicht. Die Konvois aus der Danziger Bucht verfügten über massives Geleit, das Gewässer war flach und zudem stark vermint. Während die Rote Armee durch Ostpreußen vorwärtsstürmte, wartete »S 13« auf die erste Feindberührung. Bis zum 30. Januar 1945.

Für Waltraud Grüter war dieser 30. Januar ein ganz besonderer Tag. Die Marinehelferin feierte ihren 21. Geburtstag. Am Morgen hatte sie eine befreundeten Fähnrich auf dem Gang getroffen. Der junge Mann

»Das Schwimmbad wurde zur Todesfalle.« Auch hier waren
im Januar 1945 Flüchtlinge einquartiert.

hatte am Tag zuvor großzügig seine Kabine für Waltraud und eine ihrer Marinekameradinnen zur Ver-
fügung gestellt. »Na, dann wirst du ja heute volljährig«,
sagte er jetzt augenzwinkernd, »das müssen wir auf

jeden Fall feiern.« Der Schiffskoch hatte die Unterhaltung mit angehört und versprach, einen Kuchen zum Fest beizusteuern. »Der Tag versprach schön zu werden, und ich war sehr gespannt auf den Abend«, erinnert sich Waltraud Grüter heute schmunzelnd.

Zunächst einmal aber hatten die Marinehelferinnen alle Hände voll zu tun. Außerhalb des Hafenbeckens war die »Gustloff« von hohem Seegang empfangen worden. Viele seekranke Passagiere brauchten Hilfe. Hans-Joachim Elbrecht berichtet: »Wir sind unsere Runden durch das Schiff gegangen, um nach den Passagieren zu sehen. Vielen war bereits kurz nach dem Ablegen speiübel. Gerade in den unteren Decks stank es fürchterlich.« Immer wieder versuchten Passagiere aus dem Schiffsinneren weiter nach oben an die frischere Luft zu gelangen. Doch an Oberdeck konnte sich niemand lange aufhalten. Im peitschenden Schneesturm fiel das Thermometer immer weiter und zeigte bereits am Nachmittag erhebliche Minusgrade. Das Oberdeck der »Gustloff« war schon bald von einer dicken Eisschicht überzogen.

Das schlechte Wetter machte vor allem dem Geleit zu schaffen, die kleinen Schiffe konnten bei diesem Wellengang einfach nicht mithalten. Bereits nach halbstündiger Fahrt musste Korvettenkapitän Zahn nach Gotenhafen melden, er habe die Torpedoboote zurückgeschickt und erbitte neues Geleit. Als die »Gustloff« wenig später die

Am Anfang gab es viele Schwimmwesten, die verteilt wurden. Wir haben auch welche bekommen. Als dann so viele Flüchtlinge kamen, reichten die Schwimmwesten nicht mehr aus, und wir haben unsere wieder abgeben müssen.

HEINZ-GÜNTHER BERTRAM, 2. ULD
AUF DER »WILHELM GUSTLOFF«

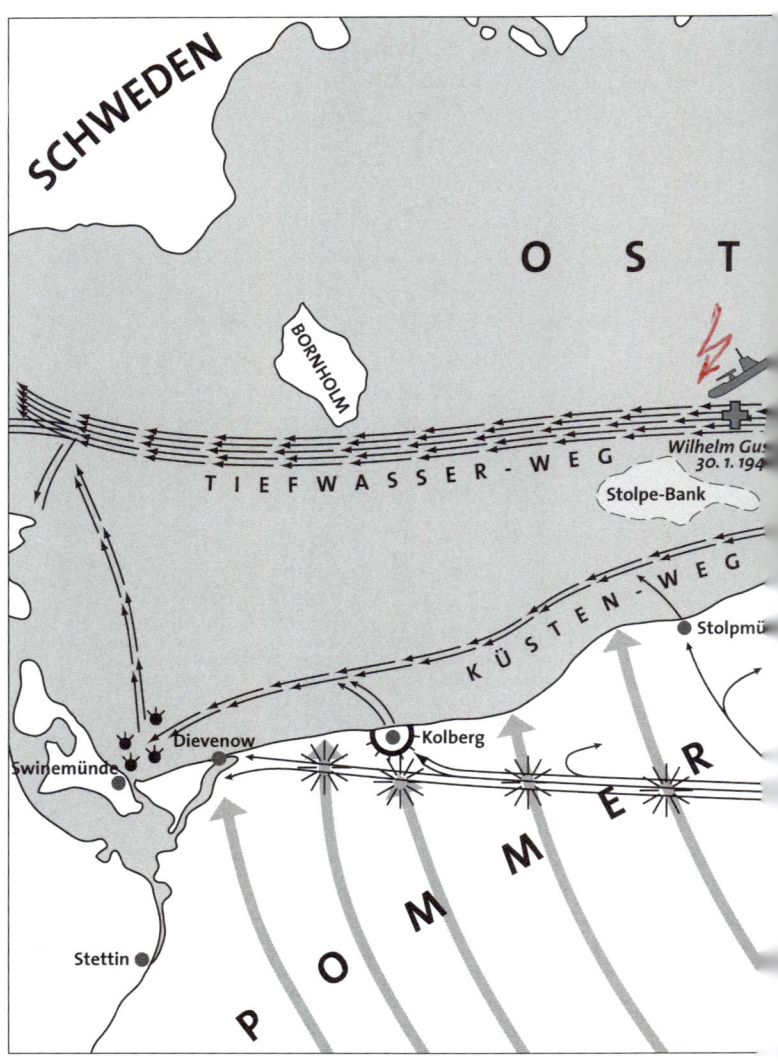

SCHWEDEN

OST

BORNHOLM

Wilhelm Gus
30. 1. 194

TIEFWASSER-WEG

Stolpe-Bank

KÜSTEN-WEG

Stolpmü

Dievenow

Kolberg

Swinemünde

R

POMMER

Stettin

P O M M

P

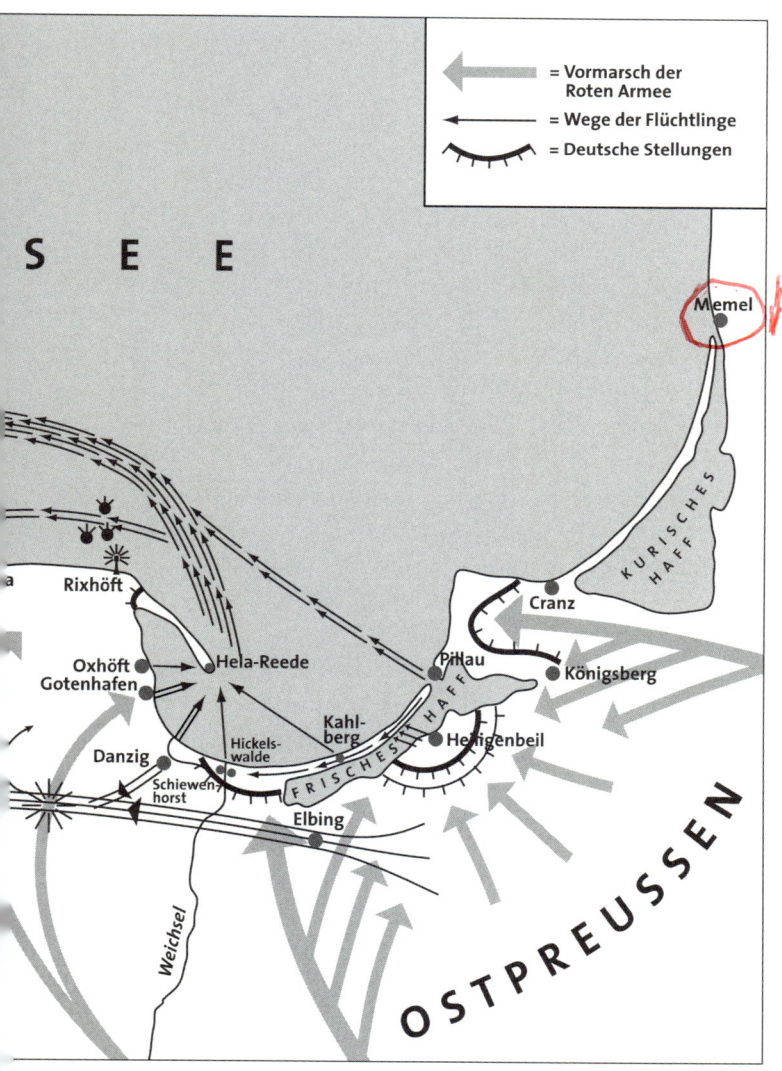

Legende:

= Vormarsch der Roten Armee

= Wege der Flüchtlinge

= Deutsche Stellungen

O S T S E E

Memel

KURISCHES HAFF

Rixhöft

Cranz

Oxhöft
Gotenhafen

Hela-Reede

Pillau

Königsberg

Danzig

Hickels-
walde

Kahl-
berg

FRISCHES HAFF

Heiligenbeil

Schiewen-
horst

Elbing

Weichsel

O S T P R E U S S E N

Halbinsel Hela passierte, wartete hier schon die ebenfalls mit Flüchtlingen beladene »Hansa«, die als Weggefährtin für die Überfahrt vorgesehen gewesen war. Das Schiff machte keine Fahrt, wie die Männer auf der Brücke der »Gustloff« überrascht feststellten. Bald kam dann der Funkspruch, den sie befürchtet hatten. »Hansa manövrierunfähig – Maschinenschaden« – kabelte das unweit liegen gebliebene Schiff. Die Führung der »Gustloff« musste eine Entscheidung treffen. Sollte man auf neues Geleit warten und riskieren, dass auf dem überfüllten Schiff Unruhe ausbrach oder aber der liegende Riese aus der Luft angegriffen würde? Oder sollte man gar nach Gotenhafen zurückfahren, wissend, dass dort weitere Menschen um Aufnahme flehen würden? Zu allem Überfluss meldete »TF1«, dass die Gotenhafener Schiffsleitung als Ersatz für die ausgefallenen Torpedoboote geschickt hatte, dass es ebenfalls wegen eines technischen Schadens nicht einsatzbereit sei.

Die Kapitäne entschlossen sich dennoch weiterzufahren. Als einziges Schiff begleitete sie das kleine Torpedoboot »Löwe«, das sich vor dem Bug der »Gustloff« seinen Weg durch die Wellen bahnte. U-Boot-Mann Rudolf Geiss stand ungläubig auf der Brücke und beobachtete die »Löwe«, wie sie tapfer versuchte, der »Gustloff« voranzufahren. »Das war schon ein seltsames Gefühl«, erinnert er sich. »Sie sah aus wie eine Nussschale. Und die sollte uns nun beschützen.« Kapitän Petersen kommentierte die Situation sarkastisch: »Ein Hund führt einen Riesen durch die Nacht.«

Maschinenmaat Heinz-Günther Bertram trat gegen 19 Uhr seinen Dienst auf der Brücke an. Als er um 13 Uhr seine letzte Schicht beendet hatte, hatte der Kommandostand noch gesummt wie ein Bienenstock.

Ständig waren Melder hereingesaust und hatten die neuesten Nachrichten von Frontverlauf, Geleit und der Verfassung der Flüchtlinge überbracht. Das Ablegemanöver war dann mit höchster Konzentration vor sich gegangen. Würden die Maschinen ihre Dienste nach so langer Zeit wieder ordnungsgemäß aufnehmen? Das gleichmäßige Stampfen der Motoren hatte nicht nur die Flüchtlinge, sondern auch die Schiffsleitung beruhigt. Bertram stellte fest, dass jetzt, als der Abend hereingebrochen war, eine ganz andere Atmosphäre auf der Brücke herrschte: »Die Offiziere waren alle versammelt, und es wurde leise gesprochen. Es war richtig gespenstisch. Alles war abgedunkelt, nirgends war ein Licht. Selbst das Rauchen an Oberdeck war verboten.« Nichts ließ darauf schließen, dass es auf der Brücke in den letzten Stunden erhebliche Auseinandersetzungen unter den Kapitänen gegeben hatte. Die Kommandostruktur war nicht ausreichend geklärt worden, bevor man den Hafen verlassen hatte. Kapitän Petersen war ein Handelsschiffskapitän. Die auf der »Gustloff« stationierte 2. U-Boot-Lehrdivision aber unterstand Korvettenkapitän Zahn, nicht Friedrich Petersen. Hinzu kamen noch die beiden Fahrkapitäne, die weitgehende Befehlsbefugnis hatten, was die Abläufe auf der Brücke anging. Wer befahl hier wem? Eine schwierige Situation, in der wichtige Entscheidungen getroffen werden mussten. Wie schnell sollte das Schiff laufen? Petersen und der 1. Offizier Reese, die den technischen Zustand der »Gustloff« am besten kannten, wollte ihr nur zwölf Seemeilen zumuten. Korvettenkapitän Zahn war das zu wenig. Als U-Boot-Fahrer wusste er, dass mindestens fünfzehn Seemeilen vonnöten waren, um einem gegnerischen U-Boot-Angriff zu entkommen.

*»Wer befahl wem?« Zwischen dem Kapitän der »Gustloff«,
Friedrich Petersen (links), und Wilhelm Zahn, dem
Kommandanten der U-Boot-Lehrdivision (rechts), kam es
zu heftigen Auseinandersetzungen.*

Doch Petersen blieb hart: Die »Gustloff« würde nicht
schneller laufen.

Noch erregter verlief die Auseinandersetzung um den
einzuschlagenden Fahrweg. Kapitän Petersen plädier-
te für »Zwangsweg 58«, eine uferferne, aber minen-
geräumte Strecke. Je weiter vom Land entfernt, umso
besser, glaubte der Kapitän, der die größte Gefahr für
die »Gustloff« in den russischen Geschützen an der
Küste vermutete. Der 1. Offizier Reese aber warnte und
trat mit Nachdruck für den Küstenweg ein. Mit ihrem
vergleichsweise geringen Tiefgang würde die »Gustloff«

auch in Küstennähe unversehrt ihren Weg finden. Im Falle eines Unglücks könnte man die Passagiere dort sicher an Land bringen. Doch Reese konnte sich nicht durchsetzen, die Entscheidung fiel schließlich für »Zwangsweg 58«.

In die ohnehin schon gespannte Stimmung platzte gegen 18 Uhr die Nachricht eines Funkmaats, der meldete, ein Minensuchverband komme der »Gustloff« direkt entgegen, es bestünde die akute Gefahr einer Kollision. Nach hitzigen Debatten entschied sich die Schiffsführung für das Setzen von Positionslichtern, um in der Dunkelheit nicht von den Minensuchern gerammt zu werden.

Heinz Schön, Zahlmeisteraspirant auf der »Wilhelm Gustloff«, hat sein gesamtes Leben die Geschichte des Schiffes recherchiert und alle Dokumente und Aussagen zusammengetragen. Ihn macht bis heute stutzig, dass angeblich keiner der Funker von »Gustloff« oder »Löwe« einen solchen Funkspruch entgegengenommen hat. Tatsächlich ist der gemeldete Minensuchverband der »Gustloff« in dieser Nacht auch nie begegnet. Woher die Nachricht von der Kollisionsgefahr aber kam, konnte bis heute nicht geklärt werden. War es Sabotage oder ein schlichtes Missverständnis? Heinz Schön ist sich sicher: Die Positionslichter waren das entscheidende Glied in der Kette, die zur Tragödie der »Wilhelm Gustloff« führte.

Als die Lichter auf der »Gustloff« angingen, glaubte Dr. Ralph Wendt, der sich gerade an Oberdeck aufhielt, seinen Augen nicht zu trauen. Der junge Mann war als Stabsarzt auf die »Gustloff« kommandiert worden. »Bettnässer« waren die Kapitäne der »Gustloff« in seinen Augen. »Unmöglich, im Feindgebiet mit gesetzten

Positionslaternen zu fahren. Für mich als Schnellboot-fahrer war das ein Ding der Unmöglichkeit.« Inzwischen war die Nacht über die »Wilhelm Gustloff« hereingebrochen, das eisige Schneetreiben ließ nach. Als es ein wenig aufklarte, konnte die Brückenbesatzung einige hundert Meter weit sehen – und gesehen werden.

Auf »S 13« schlug der Ausguck gegen 19 Uhr Alarm: Da sei etwas, ein Schiff oder ein Verband von Schiffen, auf jeden Fall sehe er Lichter, die nicht zur Küste gehörten. Kapitän Marinesko versetzte die Funkstation in Alarmbereitschaft. Der Funker Iwan Schnabzew erinnert sich: »Ich konnte das Rotieren zweier Schiffsschrauben hören. Das Schiff vor uns musste also sehr groß sein.« Die Männer von »S 13« waren wie elektrisiert. War das die Chance, auf die sie gewartet hatten? Die Chance, sich zu bewähren? Alexej Astachow erinnert sich: »Marinesko ist durch das Boot gegangen und hat gesagt: ›Wir gehen in die Offensive, aber ich kann euch nicht versprechen, dass wir hier lebend rauskommen.‹«

Ziel unseres Einsatzes war es, in dem uns zugewiesenen Planquadrat der Ostsee Schiffe aufzuspüren und sie zu versenken – ganz einfach.

Iwan Schnabzew, Akustiker auf dem U-Boot »S 13«

»S 13« lief über Wasser, der Kommandant hatte den Gedanken, abzutauchen, schnell verworfen, denn nur über Wasser bot sich ihm die Chance, den Bug des feindlichen Schiffes zu treffen. Zudem ließen die gesetzten Positionslichter nicht unbedingt darauf schließen, dass an Bord dieses Schiffes besondere Wachsamkeit herrschte. Er entschloss sich, in einem großen Bogen um den dunklen Riesen und seinen kleinen Begleiter herumzulenken und sich von der Landseite zu

»Wir gehen auf Angriff«: Das sowjetische U-Boot »S 13«.

nähern. Von hier – so kombinierte er ganz richtig –
würde niemand einen Angriff vermuten und vor dem
dunklen Küstenhintergrund wäre das U-Boot so gut wie
unsichtbar. Dennoch war das Manöver riskant. Die An-
näherung über die Landseite würde »S 13« noch näher
an die verminte Küste heranbringen, wo die Meerestiefe
zudem teilweise weniger als 30 Meter betrug. Sollte das
Boot entdeckt werden, würde es nicht mehr abtauchen
können. »Es hat niemand damit gerechnet, dass wir so
frech sein könnten, uns von der Landseite aus zu nähern«, erinnert sich Iwan. »Unser Kommandant wusste, dass wir alle draufgehen würden, falls etwas schief-
ginge.« Alexander Marinesko entschied sich, das Risiko
einzugehen.

Zur gleichen Zeit wurde es an Bord der »Gustloff«
langsam ruhig. Die Flüchtlinge bereiteten sich auf die
Nacht vor. Die letzten Tage waren geprägt von nervöser
Hektik und der Angst, abgewiesen oder doch noch vor

dem Ablegen von der Roten Armee eingeholt zu werden. Manche unterhielten sich leise und tauschten Informationen aus: Woher kommen Sie, wohin soll der Weg gehen? Erst wenige Tage zuvor war den Flüchtlingen auf brutale Weise klar geworden, dass sie plötzlich mitten im Kriegsgeschehen waren, das in den vergangenen Jahren so weit entfernt zu sein schien. »In der Danziger Bucht war doch auch während des Krieges immer tiefster Friede gewesen«, erinnert sich Irmgard Harnecker. Nun wussten viele der »Gustloff-Passagiere« bereits nicht mehr, was aus ihrem Zuhause geworden war, das sie so überstürzt hatten verlassen müssen.

Der Abschied von der Heimat war für die meisten viel zu schnell gekommen. »Sie waren vollständig konsterniert. Man hatte ihnen so viel vom Endsieg erzählt und davon, dass ›der Führer‹ es nie zulassen werde, dass auch nur ein Fußbreit deutschen Bodens verloren ginge. Sie konnten diese Nachricht einfach nicht fassen«, erinnert sich Marion Gräfin Dönhoff, der die Flucht aus Ostpreußen auf dem Landweg gelang. Der Tag, an dem sie die Orte ihrer Kindheit verlassen mussten, ist für alle Flüchtlinge aus den ehemaligen deutschen Ostgebieten noch heute eine Erinnerung, die sie zutiefst bewegt. Für die damals dreizehnjährige Hannelore Thiele war der jähe Aufbruch in den frühen Morgenstunden des 27. Januar 1945 gekommen. In aller Eile packte die Familie ihr Hab und Gut zusammen. Auch die kleine Hannelore machte ihren Schulranzen fertig und griff nach ihrer Lieblingspuppe, ohne die sie ihr Zuhause nicht verlassen wollte. Doch die Anweisungen der Eltern waren streng und unerbittlich: Alles, was unterwegs überflüssig war, musste zurückbleiben, auch die geliebte Puppe.

»Das letzte Hab und Gut eingepackt«:
Ein Treckwagen auf vereistem Weg.

Den Alten fiel der Abschied von der Heimat besonders schwer, mussten sie doch alles, wofür sie jahrelang
hart gearbeitet hatten, zurücklassen und den Weg ins
Ungewisse antreten. »Ich habe damals meinen Großva-
ter zum ersten Mal weinen sehen. Das habe ich nie vergessen«, schildert Hannelore Thiele den Aufbruch ihrer
Familie. »Er drehte sich immer wieder um, aber es gab
kein Zurück mehr. Und da haben auch wir begriffen,
dass wir nicht wieder zurückkommen werden.« Auch
Fußballtrainer Udo Lattek, der als Zehnjähriger mit sei-

wie Pia
Memel

»Abschied von der Kindheit.« Die Jüngsten begriffen nur
allmählich, was sich um sie herum abspielte.

ner Mutter aus Ostpreußen floh, ist der Abschied von Zuhause in Erinnerung geblieben: »Alles im Stich zu lassen und keine Chance mehr haben, was wiederzukriegen. Das war brutal, das tut schon weh.«

Für die Jüngsten erschien die Flucht jedoch zunächst wie ein großes Abenteuer. Arno Surminski, damals zehn Jahre alt, lief mit anderen Jungen seines Alters neben dem Treck her. In der Nacht glühte der Himmel rot von den Feuersbrünsten, die in der Ferne loderten. Doch allmählich begriff auch der Zehnjährige den Ernst der Lage: »Ich hatte anfangs immer noch das Gefühl, alles würde gut gehen, Vater und Mutter machten das schon. Aber als ich sah, wie hilflos die Erwachsenen waren und dass auch sie selbst allem hilflos ausgesetzt waren, da war ich sehr verunsichert.«

Abschied – nicht nur von der Heimat, auch von der Kindheit. Viele zerbrachen daran innerlich, gaben schließlich auf. Der damals 25-jährige Traugott Buhre machte auf seiner Flucht eine schreckliche Entdeckung: »Wir öffneten die Tür eines Hauses, da war ein riesengroßer Tisch. An diesem Tisch saßen sechs Leute. Vier junge und zwei alte. Die waren alle tot. Sie hatten sich vergiftet.«

Und doch begleitete nicht wenige die Hoffnung, schon bald wieder in ihre Heimatorte zurückkehren zu können. Auch Flüchtlingsmädchen Friedel Junkuhn, das in Gotenhafen eine Passage auf der »Gustloff« bekommen hatte. »Wir dachten, das sei wie in diesen Filmen mit dem alten Fritz oder der Schlacht von Leuthen, die wir immer zu sehen bekamen. Da wurde der Feind zurückgeschlagen, und die Leute konnten wieder zurückgehen.« Jetzt, auf hoher See, erkannte nicht nur Friedel Junkuhn, dass das wohl eine Illusion gewesen war. »Das war das

Schlimmste, dass ich meine Heimat verloren hatte. Und ich hatte doch so ein wunderschönes Zuhause«, beschreibt Ursula Resas aus Schwarzort in Ostpreußen ihre Gefühle. »Schon als junger Mensch habe ich meine Heimat sehr geliebt. Wir gingen oft im Wald spazieren und sahen immer wieder Elche. Das war ein Erlebnis! Die Sehnsucht nach Zuhause ist immer geblieben.«

Doch gleichzeitig war die junge Frau wie viele der Flüchtlinge auf der »Gustloff« erleichtert, dem Schrecken der heranrückenden Front entronnen zu sein. Die meisten hatten unterwegs gehört, was geschah, wenn Flüchtlingstrecks von den Truppen der Roten Armee eingeholt wurden. Näherte sich das rasselnde Geräusch russischer Panzerketten, war es meist schon zu spät: Wem es nicht rechtzeitig gelang, die Straße zu verlassen, in einem Graben Deckung zu suchen, wurde gnadenlos niedergewalzt. »Ja, auch ich bin sehr dicht an einem Pferdewagen vorbeigefahren und habe ihn wohl umgestoßen«, bekennt heute Sergej Schwytzkij, damals russischer Panzerfahrer. »Wir mussten vorwärts. Ob da Zivilisten noch am Leben waren oder nicht, hat mich überhaupt nicht interessiert.« Die schweren Fahrzeuge begruben unter sich Karren und Fuhrwerke, zermalmten Menschen und Pferde.

Ich kann mich erinnern, dass eine Frau sagte: »Aber unser Führer wird doch nicht die Russen in unser schönes Ostpreußen hineinlassen!«, obwohl es sich schon abzeichnete. Aber wir haben bis zum Schluss noch gehofft. Es war unvorstellbar, einfach wegzugehen.

HILDEGARD RAUSCHENBACH, DAMALS 18 JAHRE ALT

Helga Schneider, die mit ihren Eltern im Auto geflohen war, sind die entsetzlichen Bilder bis heute ins Ge-

»Den Feind vernichten.« Russische Panzer rollen in Mühlhausen/Ostpreußen ein; am Straßenrand die Reste von Flüchtlingstrecks.

dächtnis gebrannt. Ihr Vater hatte sich wegen der verstopften Landstraßen dazu entschlossen, die Autobahn zu benutzen. Doch auch hier war kein Fortkommen möglich, stand Fuhrwerk an Fuhrwerk. Als russische Panzer heranrollten, gab es für die Menschen kaum mehr ein Entrinnen. Dem Vater war es im letzten Moment gelungen, das Auto in einen Graben zu lenken, als auch schon die Gewehrsalven über den Köpfen der Familie einschlugen. »Die Soldaten«, sagt Helga Schneider, »schossen wahllos in die Menschenmasse.« Als der

Trupp vorbeigezogen war, trat eine unheimliche Stille ein. Die Familie wagte es schließlich, ihre Deckung zu verlassen und die Böschung hochzuklettern. Doch der Anblick verschlug ihnen den Atem: Zerquetschte Leiber und Fuhrwerke übersäten die Straße, Blut und Schmutz hatten die weiße Winterlandschaft in ein Bild des Grauens verwandelt. Aus einem zerschmetterten Wagen drang leises Wimmern: Eine junge Frau hatte die Katastrophe überlebt – ihre vier kleinen Kinder aber, die sich im Inneren des Wagens befunden hatten, waren von den russischen Panzern zermalmt worden.

Gnade gibt es nicht – für niemanden, wie es auch keine Gnade für uns gegeben hat. Es ist unnötig, von den Soldaten der Roten Armee zu fordern, dass Gnade geübt wird. Sie lodern vor Hass und Rachsucht. Das Land der Faschisten muss zur Wüste werden, wie auch unser Land, das sie verwüstet haben.

APPELL VON GENERAL IWAN D. TSCHERNJACHOWSKIJ AM VORABEND DES ANGRIFFS AUF OSTPREUSSEN

Auf ihrem Weg nach Westen waren die Rotarmisten durch das von Deutschen verwüstete Russland gezogen, hatten Orte gesehen, die Görings und Himmlers Befehlen von der »verbrannten Erde« zum Opfer gefallen waren. Fast jeder der Männer hatte in seiner Familie Opfer des Naziterrors zu beklagen. Der Vormarsch der Truppen hatte die unmenschlichsten Verbrechen ans Licht gebracht. Am 27. Januar 1945 war das Konzentrationslager Auschwitz befreit worden, in dem das NS-Regime einen perfekt organisierten Massenmord betrieben hatte.

Solche Bilder vor Augen, fielen die Hetzparolen der russischen Propaganda auf fruchtbaren Boden. Ilja Ehrenburg, Schriftsteller und Journalist, zählte zu den populärsten Figuren der sowjetischen Kriegspresse. Mitte der Dreißigerjahre war er durch seine Reportagen vom spanischen Bürgerkrieg bekannt geworden. Seit Beginn des »Unternehmens Barbarossa« war er zur Berühmtheit avanciert. Seine Artikel wurden in Hunderten von Frontzeitungen abgedruckt und von unzähligen Soldaten der Roten Armee verschlungen. »Katjušas« – »Stalinorgeln« nannte man seine Aufsätze, mit er in der *Prawda* und dem *Roten Stern* gegen die Deutschen, die »Fritzen«, hetzte. In seinen zu Beginn der Sechzigerjahre verfassten Memoiren bekannte Ehrenburg: »Ich erkannte es als meine Pflicht, das wahre Gesicht des faschistischen Soldaten zu zeigen, der mit einem erstklas-

»Die Deutschen sind keine Menschen«: Der sowjetische Schriftsteller und Propagandist Ilja Ehrenburg.

sigen Füllfederhalter in ein Tagebuchheft blutrünstigen, abergläubischen Unsinn über seine rassische Überlegenheit eintrug; Dinge, die so schamlos und barbarisch sind, dass sie selbst einen Kannibalen in Verlegenheit gebracht hätten. Ich musste unsere Krieger daran erinnern, dass es sinnlos war, auf die Klassensolidarität der deutschen Arbeiter, auf eventuelle Gewissensregungen bei Hitlers Soldaten zu rechnen, dass jetzt nicht die Zeit sei, in der attackierenden feindlichen Armee ›die guten Deutschen‹ herauszufinden und dabei unsere Städte und Dörfer der Vernichtung preiszugeben. Ich schrieb: ›Töte den Deutschen!‹«

Wie sehr dieser von fanatischem Hass geprägte Journalist die russischen Frontsoldaten beeinflusste, bezeugt Wladimir Korobuschin, der mit seiner Einheit in Ostpreußen kämpfte: »Der Krieg war grausam und der Patriotismus bei unseren Soldaten weit verbreitet. Ehrenburg hatte großen Einfluss auf uns. Seine patriotischen Artikel riefen wöchentlich zum Hass und zum Töten auf. Aber auch ich hatte zerstörte Städte gesehen, ausgebrannte Dörfer, getötete Zivilisten. Und ich habe viel über die nach Deutschland in Arbeitslager verschleppten Russen gehört.«

Während die parteiamtliche Propaganda anfänglich noch zwischen der Naziführung und der deutschen Bevölkerung unterschied, reduzierte Ehrenburg in seinen Artikeln die Deutschen zu einem Volk von Barbaren und Verbrechern. Moskau ließ Ehrenburg gewähren. Schnell hatte die Partei erkannt, dass seine Artikel trotz

»Die Stunde der Rache hat geschlagen.«
Rotarmisten marschieren in Ostpreußen ein.

des Gegensatzes zur offiziellen Politik für die tägliche Stimmungsmache an der Front nur von Vorteil waren. Ehrenburgs Stil wurde schließlich vom Kriegsrat der Front in einem Aufruf an die Soldaten der Roten Armee übernommen: »Merke Dir, Soldat! Dort in Deutschland versteckt sich der Deutsche, der Dein Kind gemordet, Deine Frau, Braut und Schwester vergewaltigt, Deine Mutter, Deinen Vater erschossen, Deinen Herd niedergebrannt hat. Geh mit unauslöschlichem Hass gegen den Feind vor! Deine heilige Pflicht ist es, um der Gerechtigkeit willen und im Namen des Andenkens der von den faschistischen Henkern Hingemordeten, in die Höhle der Bestie zu gehen und die faschistischen Verbrecher zu bestrafen. Das Blut unserer im Kampf gefallenen Kameraden, die Qualen der Gemordeten, das Stöhnen der lebendig Begrabenen, die unstillbaren Tränen der Mütter rufen Euch zu schonungsloser Rache auf.«

So fielen die ersten Begegnungen zwischen Soldaten der Roten Armee und deutschen Zivilisten oft gewalttätig aus. Das wenige, was die Flüchtlinge noch besaßen, wurde ihnen von den Rotarmisten weggenommen. Uhren, Schmuck und Wertgegenstände verschwanden in den Taschen von Stalins Soldaten. Siegfried Quandt erinnert sich: »In einer großen Wohnstube saßen vielleicht dreißig Leute – vor Schreck erstarrt. Draußen rollten die Panzer, und dann huschte eine Gestalt am Fenster vorbei: Ein Russe! – Todesstille. Der Russe kam rein, guckte ein bisschen verlegen und sagt: »Uri, Uri.« Blitzschnell rissen alle, die irgendwas hatten, die Uhr von der Hand und gaben dem einen Haufen Uhren. Der Russe hat sich sogar noch bedankt und ist gegangen. Wir waren völlig irritiert, wir hatten gedacht, der schießt jetzt oder macht irgendwas. Gar nichts.«

Doch in den meisten Fällen blieb es nicht allein bei Plünderungen – Zivilisten wurden wahllos erschossen, Frauen und Mädchen brutal vergewaltigt. Auch Helga Schneider aus Rhein, damals fünfzehn Jahre alt, musste die schreckliche Tortur immer wieder über sich ergehen lassen. Als sie sich wehrte, wurde sie an den Füßen gepackt und kopfüber eine Treppe hinabgezerrt. Auf jeder Stufe schlug ihr Schädel hart auf – bis sie endlich das Bewusstsein verlor. Eine Mutter, die versuchte, ihre erst dreizehnjährige Tochter zu schützen, wurde ohne Zögern von den Rotarmisten erschossen. Danach töteten die Soldaten auch das Mädchen mit einem Kopfschuss.

Und doch finden sich inmitten allen Leids auch Belege von Humanität. Betty Römer-Götzelmann, damals acht Jahre alt, erinnert sich: »Da standen vielleicht dreißig, vierzig Kinder, wir hatten natürlich alle Hunger. Da wurde ich plötzlich von einem Russen herausgepickt und durfte aus seinem Kochgeschirr mitessen. Und das durfte ich jeden Tag. Vielleicht hatte er zu Hause eine Tochter, der ich glich – wir haben uns jedenfalls nie erklären können, warum ich von diesem Russen gefüttert wurde.« Es waren seltene Momente der Menschlichkeit.

Auch die Familie von Arno Surminski hatte zunächst Glück. Mitten auf einem Acker geriet ihr Treck plötzlich unter Beschuss. An den Schenkeln der Pferde lief Blut hinab: Die Tiere waren getroffen worden, der Treck musste anhalten. Die Flüchtlinge rechneten mit dem Schlimmsten, als sich ihnen russische Soldaten näherten. Vater Surminski hatte als Bürgermeister noch das Parteiabzeichen am Revers stecken und eine Pistole in der Jackentasche – Grund genug, um auf der Stelle erschossen zu werden. Ein junger Offizier trat an den

Wagen heran, Surminskis Mutter beeilte sich, eine halbe Flasche Rum hervorzuholen: Der »Friedensrum für den Endsieg«, den sie fünf Jahre lang gehortet hatte. Wortlos ließ der Offizier die Flasche in seine Tasche gleiten, nahm dem Vater das Abzeichen ab, schaute es sich belustigt an und steckte es schließlich ebenfalls ein. Die Pistole des Mannes warf er in hohem Bogen in den Schnee – die Flüchtlinge atmeten auf. Vorläufig schienen sie gerettet.

Weniger friedlich verlief die erste Begegnung mit Soldaten der Roten Armee für den damals achtjährigen Gerd Scheffler und seinen fünf Jahre älteren Bruder Emil, beide aus Sodargen. Die Jungen hatten sich nur für einen Moment vom Wagen ihrer Eltern entfernt, um auszutreten, als ein russischer Vorstoß begann. Von umherfliegenden Granatsplittern und Kugeln getroffen, stürzten die beiden Kinder zu Boden. Halb bewusstlos spürte Gerd Scheffler, der aus über zwanzig Wunden stark blutete, wie ihm russische Soldaten die Stiefel auszogen und nach seinem Mantel griffen. Verzweifelt schrie der Junge auf – bis die Sowjets schließlich von ihm abließen. Stundenlang blieb Gerd Scheffler hilflos in der Kälte liegen – neben ihm der schwer verletzte Bruder, der vor seinen Augen verblutete. »Mir ist schrecklich kalt«, waren die letzten Worte des dreizehnjährigen Emil, die sein Bruder bis heute nicht vergessen hat. Als deutschen Einheiten Stunden später ein Gegenangriff gelang, fanden sie die beiden Jungen. Für Emil kam jede Hilfe zu spät, Gerd Scheffler überlebte. Seine Eltern fanden ihn Tage später in einem Feldlazarett.

Die Angst vor den Russen – sie saß den Menschen auf der Flucht ständig im Nacken. Unzählige wählten den Freitod, um nicht den Sowjets in die Hände zu fallen. Auch hinter Ursula Birkle und ihrer Mutter, die die »Gustloff« in allerletzter Minute erreicht hatten, lag ein traumatisches Erlebnis: »Mein Vater konnte nicht weg, er war ja beim Volkssturm und musste dableiben. Er hat uns einen Abschiedsbrief geschrieben. Ich glaube nicht, dass er den Russen lebend in die Hände gefallen ist.« Der Vater erschoss sich, bevor die Sowjets sein Quartier erreicht hatten.

Die Erlebnisse der vergangenen Tage und Wochen drangen jetzt wieder in das Bewusstsein der Flüchtlinge, die auf der »Gustloff« Zuflucht gefunden hatten. Leise erzählten sie sich gegenseitig von ihren Erlebnissen auf der Flucht, von den Bildern, die sie gesehen hatten – von all denen, die einen anderen Fluchtweg gewählt hatten und von denen man nun nicht mehr wissen konnte, ob sie überhaupt noch lebten.

In einem der Säle auf der »Gustloff« knisterte ein Volksempfänger. »Heute vor zwölf Jahren, am 30. Januar 1933, hat mir die Vorsehung das Schicksal des deutschen Volkes in die Hand gelegt«, rauschte es aus dem Äther. »Hitlers Stimme klang seltsam dumpf, wie aus einer Geisterwelt«, erinnert sich U-Boot-Mann Rudolf Geiss, »die hörte sich nicht mehr so an, wie wir sie kannten.« Knapp einen Monat zuvor, am Neujahrstag, hatte sich der seit dem 20. Juli 1944 wie vom Erdboden verschluckte Hitler erstmals wieder öffentlich gemeldet, um das Volk zum letzten Mal für sein Hirngespinst vom »Endsieg« zu mobilisieren. Und auch jetzt stieß er ins gleiche Horn: »Es ist daher am zwölften Jahrestag der Machtübernahme erst recht notwendig, das Herz stärker zu machen als jemals zuvor, ganz gleich, wo, ganz gleich, unter welchen Umständen, so lange bis am Ende der Sieg unsere Anstrengungen krönt«, tönte der Diktator nun in seiner Radioansprache.

Ich erwarte von jedem Deutschen, dass er seine Pflicht bis zum Äußersten erfüllt, dass er jedes Opfer, das von ihm gefordert wird und werden muss, auf sich nimmt.

An Bord der »Gustloff« nahmen nur noch wenige die Phrasen wahr, die man schon seit zwölf Jahren zu hören bekam. »Uns hat das nicht mehr berührt«, so Rudolf Geiss.

Die Marinehelferinnen konnten jetzt ein wenig verschnaufen. Die Passagiere hatten ihren Platz, die Schwimmwesten waren verteilt, auch an den Seegang schienen sich jetzt die meisten gewöhnt zu haben. Waltraud Grüter legte sich noch ein wenig hin, schließlich war sie später noch verabredet. Der Fähnrich hatte versprochen, Sekt für den Abend zu organisieren, und auch ihre Kabinennachbarin zum Geburtstagsfest eingeladen. Es versprach, ein unterhaltsamer Abend zu werden.

Auf der Entbindungsstation lag Ingeborg Piepmeyer erschöpft in ihrer Koje. Kaum zwanzig Stunden zuvor hatte sie einen Jungen entbunden, der nun friedlich neben ihr schlief. Die Geburt war unproblematisch verlaufen, und Ingeborg hatte sich entschlossen, dem Kleinen den Namen Egbert zu geben. Seit der Einschiffung waren drei weitere Babys auf der »Gustloff« zur Welt gekommen. Ihre Mütter hofften, gemeinsam mit den Neugeborenen auf dem Weg in eine sichere Zukunft im Westen zu sein.

Marinehelferin Ingeborg Dorn machte sich auf der Entbindungsstation nützlich. Sie fand es dort recht spannend, schließlich hatte sie noch nie bei einer Geburt zugeschaut. Eine weitere Frau lag bereits in den Wehen. Gemeinsam mit Dr. Helmut Richter, dem verantwortlichen Arzt der Station, bereitete sie sich vor, jeden Moment das Baby begrüßen zu können. Soldatenarzt Ralph Wendt war ebenfalls auf die Entbindungsstation beordert worden. Er hatte noch nicht sonderlich viel Erfahrung in Sachen Geburtshilfe, aber danach hatte ihn niemand gefragt.

Auch Winfried Harthuns Mutter entspannte sich ein wenig. Sie hatte die Familie zusammenhalten können. Die Tochter war in einer Kabine untergekommen, sie selbst hatte sich mit der kleinen Enkelin und den beiden Söhnen auf einem Matratzenlager in einem der großen Säle eingerichtet. Dem älteren Sohn war übel, er war zum ersten Mal auf See. »Er hat sich dann ein Laken

Wir haben wirklich gedacht, wir seien sicher auf der »Gustloff«. Wir haben uns ganz frei auf dem Schiff bewegt, als wenn nichts wäre. Weil wir dachten, es sei alles gut.«
MARGOT KÄUNE, FLÜCHTLING

über den Kopf gezogen und war für den Rest des Abends nicht mehr zu sehen«, erinnert sich sein Bruder Winfried. Auch der kleine Winfried Harthun war erschöpft nach den Aufregungen des Tages. Er hatte ausgiebig das Schiff erkundet. Als ihn seine Mutter früh schlafen legte, beschwerte er sich nicht. Selbst die anhaltenden Gespräche der Familien rechts und links von ihm konnten seinen Schlaf nicht stören.

Angriff

Gegen 20.45 Uhr hatte »S 13« sein Umkreisungsmanöver abgeschlossen. Das Boot lief nun auf Parallelkurs zwischen der »Gustloff« und der Küste, etwa 2000 Meter vom Schiff entfernt. Alexander Marinesko wies seine Mannschaft an, die vier Torpedos klarzumachen. Gegen 21.05 Uhr näherte sich das U-Boot seinem Zielobjekt bis auf etwa 700 Meter. 55.07 Grad Nord, 71.41 Grad Ost trug Marinesko einen Tag später ins Logbuch ein. Dann lief der Bug des Zielobjekts in das Fadenkreuz des Periskops.

Es war 21.15 Uhr, als ein ohrenbetäubender Knall die »Wilhelm Gustloff« erbeben ließ. Bevor die Passagiere realisierten, was geschehen war, erfolgte eine zweite Explosion, dann die dritte.

Jeder der Überlebenden der Gustloff erinnert sich noch heute genau, wie er diesen Moment erlebte. »Es war ein ohrenbetäubendes Klirren«, berichtet Waltraud Grüter, »als ob ein voller Glasschrank umstürzen würde. Ein lautes Splittern, ein schrilles Geräusch. Das Licht ging aus und

Der Kommandeur entschloss sich, unser Boot Richtung Küste zu steuern. Wahrscheinlich rechnete die »Wilhelm Gustloff« nicht damit, dass man sie von der Uferseite angreifen würde.

Es war nicht weit entfernt, die Tiefe war etwa 30 Meter. Wenn sie uns entdeckt hätten, wären wir nicht mehr weggekommen.

IWAN SCHNABZEW, AKUSTIKER
AUF DEM U-BOOT »S 13«

»Wassereinbruch im Schwimmbad«: Szene aus dem Spielfilm
»Nacht fiel über Gotenhafen« von 1959.

mein erster Gedanke war: Wir sind auf eine Mine gelaufen.«

Obermaschinist Johann Smrczek hatte gerade seinen
Dienst im Maschinenraum angetreten. Die Erschütte-
rung der ersten Detonation warf ihn fast zu Boden. Au-
tomatisch fiel sein Blick auf das Pendel, das die Lage des
Schiffes anzeigte: Es war mit einem Schlag auf
acht Grad geschnellt. Dann kam auch schon das Kommando von der Brücke: »Maschine Stop!« Noch bevor
er den Befehl bestätigen konnte, fiel mit dem zweiten
Treffer das Licht aus. Smrczek gehörte zur Stammbesatzung der »Gustloff«. Seine Aufgabe war es, im Kata-

»Unter Deck war man verloren«: Szene aus dem Spielfilm
»Nacht fiel über Gotenhafen« von 1959.

strophenfall das Notstromaggregat auf dem Oberdeck anzuwerfen. Die dritte Detonation hörte er noch lauter als die ersten beiden. Danach war Stille. Atemlos lauschte der Maschinist. Er wusste, dass es sich bei drei so dicht hintereinander liegenden Explosionen nur um einen Torpedofächer handeln konnte – und der bestand in der Regel aus vier Torpedos.

Ursula Resas befand sich im Unterdeck, wo sie mit ihrer Schwester einen Platz im Vorführraum neben dem Kino gefunden hatte. Sie kümmerte sich um ihre Schwester Rosemarie, die seekrank auf ihrer Pritsche lag. »Mit der Detonation fiel der Feuerlöscher von der

Wand, Rosemarie hatte den ganzen Schaum im Gesicht. Ich wischte ihr den Schaum weg und sagte noch, wir sind bestimmt auf eine Mine gelaufen, dann kam auch schon die zweite Detonation.«

Ihre Marinekameradinnen im Schwimmbad des E-Decks waren zu diesem Zeitpunkt bereits rettungslos verloren. Der erste Treffer war im Vorschiff eingeschlagen und hatte den Wohntrakt der Stammbesatzung getroffen. Der zweite Torpedo detonierte knapp unterhalb des Schwimmbeckens – das Todesurteil für die dort untergebrachten Mädchen. Lediglich zwei von ihnen würden die Katastrophe überleben. Der dritte Treffer lag mittschiffs, in der Nähe des Maschinenraums, und riss die Bordwand bis zur Reling auf. Tonnenweise drangen die Wassermassen in die Öffnungen des Schiffes ein und schossen mit ungeheurer Wucht in die höher gelegenen Decks hinauf. Binnen weniger Minuten senkte sich das Vorderschiff um mehrere Meter ab. Als die Kapitäne auf die Brücke gestürzt kamen, versank der vordere Bereich des Schiffes bereits unter den heranrollenden Brechern.

Den kleinen Winfried Harthun hatte der erste Treffer aus dem Schlaf gerissen. Bevor er richtig zu sich kommen konnte, zog ihn seine Mutter von der Koje hoch. »Sie hat mir einen Schultornister aufgesetzt«, erinnert er sich, »da hinein packte sie das Silberbesteck.« Als die Harthuns auf den Gang stürzten, herrschte hier bereits heilloses Chaos. Aus den Kabinen rannten notdürftig bekleidete Menschen, die meisten von ihnen noch mit schlaftrunkenen Gesichtern. Auch Ursula Birkle und ihre Mutter hatten hastig ihre Kabine verlassen. »Meine Mutter war eigentlich recht ruhig«, erinnert sich die damals Vierzehnjährige. »Ich schrie im-

mer ganz aufgeregt: ›Nun komm, nun komm!‹ Sie ließ
sich aber gar nicht beirren, ging noch mal in die Kabine
zurück und zog sich einen Mantel über, zog mir eine
dicke Jacke an und nahm sogar noch ihre Handtasche.
Erst dann haben wir uns auf den Weg nach oben gemacht.«

Auch Irmgard Harnecker und ihre Schwester hatten
den Ernst der Lage noch nicht erkannt. Irmgard hatte
die kleine Tochter gegriffen, ihre Schwester riss die Tasche mit den wenigen Habseligkeiten hoch. »Als wir
auf den Gang traten, haben wir noch gedacht, warum
schreien die denn alle so?«, erinnert sich Irmgard Harnecker. »Wir haben doch nicht geglaubt, dass wir untergehen.«

Auf der Entbindungsstation musste Dr. Ralph Wendt
die Nerven behalten. Schließlich lag eine seiner Patientinnen in den Wehen. Was sollte er mit der Frau tun? Ingeborg Dorn berichtet: »Wir hatten den Arzt gerade gerufen, weil wir dachten, das Köpfchen des Babys würde
gleich kommen.« Für einen Moment war die Marinehelferin nach dem Torpedoeinschlag ganz mit sich
selbst beschäftigt. In der Sanitätsstation war ein Glasschrank durch die Detonation aufgesprungen. Das darin befindliche Medizinschulenskelett war in den Gang
gestürzt. Für Ingeborg Dorn war dies ein Zeichen, das
sie bis heute für den entscheidenden Moment hält.
Würde sie die Katastrophe überleben oder nicht? Sie erinnert sich, wie sie über die Knochen des Skeletts stieg:
»Da habe ich mir gedacht: ›Inge, jetzt steigst du über
den Tod.‹ Das hat mir geholfen, die ganze Zeit. Ich habe
mir gesagt: ›Ich schaffe es!‹«

Dr. Ralph Wendt blieb bei seiner Patientin. Schließlich konnte diese sich nicht selbst helfen. »Die Frau ist

eigentlich ganz ruhig geblieben«, berichtet Dr. Wendt heute. »Glücklicherweise hatten die Wehen durch den Schrecken gleich wieder ausgesetzt.« Er packte die Frau in warme Kleidung und half ihr auf den Gang, in der Hoffnung, einen Platz in einem Rettungsboot zu finden.

Ingeborg Piepmeyer war bereits wieder ein wenig bei Kräften. Auch sie bewahrte einen klaren Kopf. »Ich kann mich erinnern, dass ich Egbert ein grünes Mützchen und ein grünes Jäckchen angezogen hatte.« Sie packte den Kleinen in ein Kopfkissen und folgte den anderen Patientinnen. Das Laufen fiel ihr so kurz nach der Entbindung noch schwer. Mit einem Arm musste sie den erst wenige Stunden alten Säugling tragen, mit dem anderen versuchte sie, sich den Gang hinaufzuziehen, der sich bereits spürbar neigte. Ganz allein schaffte sie es, sich bis auf das Oberdeck zu schleppen. Sie solle über eine Strickleiter in ein Rettungsboot klettern, wies man die junge Mutter dort an. Doch um sich an den Stricken festzuhalten, brauchte sie beide Hände. Als sie sich hilfesuchend umblickte, sagte ein Matrose beruhigend, sie solle ihm den Säugling geben, er würde ihn gleich herunterreichen. Kaum war Ingeborg Piepmeyer im Boot angekommen, legte es ab – ohne den Jungen.

»Frauen und Kinder zuerst!« Szene aus dem Spielfilm
»Nacht fiel über Gotenhafen« von 1959.

Während die Evakuierung der Entbindungsstation relativ geordnet verlief, war in den tiefer gelegenen Decks die Hölle los. In panischer Furcht versuchten die Passagiere einen Weg zum Oberdeck zu finden. Bereits nach wenigen Minuten waren die engen Schiffsflure hoffnungslos verstopft. Heinz-Günther Bertram war inmitten des Chaos verzweifelter Menschen: »Überall waren offene Koffer, Taschen flogen herum, Kinder waren da, Kinder wurden platt getreten. Ich sah ein Baby in einem Korbwagen, es blutete und regte sich nicht mehr. Die Leute sind einfach darüber gestiegen.« Noch oft muss Bertram an die Mutter denken, die dieses Kind im panischen Gedränge verlor. »Wer da hinfiel, der kam nicht mehr auf die Füße«, sagt er, »der war verloren.«

Auch Ursula Resas war mit ihrer Schwester auf den Gang gestürzt. Sie ist noch heute erschüttert, wenn sie an die Szenen denkt, die sich dort vor ihren Augen abspielten. »Tiere in Not sind schlimm, aber Menschen in einer solchen Situation sind schlimmer als Tiere. Es hieß nur noch: ›Rette sich, wer kann.‹« Und Waltraud Grüter bekennt heute offen: »In einem solchen Moment schauen Sie nicht, ob da Leute liegen. Ich einem solchen Moment wollen Sie einfach nur weg und Ihr eigenes Leben retten.«

Den meisten Soldaten gelang es, Ruhe zu bewahren. Nach Monaten an Bord kannten die Männer der 2. U-Boot-Lehrdivision das Schiff und seine Wege in- und auswendig. Jürgen Esselmann lief nach den Detonationen sogar noch einmal in seine Kabine, um einige Habseligkeiten, darunter zwei Teddybären, die ihn auf allen Reisen begleitet hatten, zu holen. Die beiden kleinen Teddys besitzt der Seemann noch heute. »Molli« und »Pummli«, wie er die Stofftiere nennt, sind nach fast siebzig Jahren noch immer in Esselmanns Besitz und mittlerweile recht abgewetzt. Für ihn jedoch sind sie Erinnerungsstücke von unschätzbarem Wert, denn sie haben wie er den Untergang der »Wilhelm Gustloff« unbeschadet überstanden. »Mir war klar, dass das Schiff sank«, erinnert sich Esselmann heute, »aber ich kannte die ›Gustloff‹ und konnte ungefähr absehen, wie lange das Schiff noch schwimmen würde. Ich hab mir gedacht, geh noch mal runter und zieh dir was Warmes an und rette ein paar Sachen, die du ansonsten nie wiedersehen wirst.«

Und doch hatte er die panische Reaktion der Passagiere unterschätzt. Auf dem Rückweg musste er bereits über Menschen steigen, die von den Flüchtenden totgetrampelt worden waren. Inmitten des Chaos hörte er eine weinende Kinderstimme. »Das Kind müssen wir rausholen!«, rief er vorbeilaufenden Kameraden zu. Die »Gustloff« hatte mittlerweile erhebliche Schräglage, so dass der andere Matrose ihn an den Füßen festhalten musste, während er unter den Leichen nach dem Kind fischte. »Ich habe mich ganz lang gemacht und konnte den Jungen rausziehen«, erinnert sich Esselmann. Der Junge hatte eine Kopfverletzung und weinte bitterlich. Auf dem Arm des U-Boot-Fahrers beruhigte er sich ein wenig, so dass Esselmann ihn sicher an Deck bringen konnte.

Hier war mittlerweile der Kampf um die Rettungsboote voll entbrannt. Theoretisch hatte die »Gustloff« Rettungsmöglichkeiten für 5000 Menschen – ohnehin nur für jeden zweiten an Bord. Tatsächlich aber war ein Großteil der Flöße an Deck festgefroren, die Verankerungen der Rettungsboote waren von einer zentimeterdicken Eisschicht überzogen. Nur mit Gewalt konnten die Matrosen die Metallösen vom Deck losbrechen. Keines der Boote war ausgeschwungen, wie es die Richtlinien eigentlich bei einer solchen Fahrt verlangt hätten. Vor den Davits stauten sich bereits die verängstigten Flüchtlinge. Mit entsicherten Pistolen bemühten sich die Matrosen, die aufgebrachte Menge in Schach zu halten. Als die ersten Männer versuchten, vor Frauen und Kindern einen Platz zu ergattern, fielen die ersten Warnschüsse.

Ursula Birkle und ihre Mutter hatten Glück. Sie waren schnell aus dem Unterdeck nach oben gelaufen und bekamen nun einen Platz in einem der großen Boote zugewiesen. Als Vierzehnjährige galt Ursula noch als Kind und man ließ ihr und der Mutter den Vortritt. Wenig später senkte sich das Boot bereits über die Reling. Zu früh, wie Ursula Birkle heute meint. Sie berichtet, dass das Rettungsboot höchstens zur Hälfte besetzt war, als es gefiert wurde. »Mit einem Ruck ließ man uns an der langen Schiffswand zu Wasser. Diese Schiffswand wurde immer länger und länger.« Starr vor Schrecken musste das Mädchen mit ansehen, wie die Trosse des Nachbarbootes mit einem schrillen metallischen Knall auseinanderbarst und die hilflosen Flüchtlinge in die Tiefe stürzten.

Ich habe gesehen, wie sie ein Rettungsboot zu Wasser lassen wollten, aber der rechte Flaschenzug war festgefroren. Der linke löste sich und alle Frauen und Kinder fielen übereinander und dann ins Wasser. Da gab es keine Chance mehr, sich irgendwo festzuhalten.

INGEBORG DORN, MARINEHELFERIN

Einige, die das Unglück des Rettungsbootes von der Reling aus beobachtet hatten, weigerten sich nun, in die Boote zu steigen, und drängten zurück. Vielleicht würde sich die »Gustloff« ja doch noch halten. Noch schien der Ozeanriese sicherer als solch ein kleines Rettungsboot, von dem niemand wusste, wann es von einem anderen Schiff aufgenommen werden würde. An den Davits schoben die Menschen nun rückwärts, von hinten drängten die Nachkommenden nach vorne. Wertvolle Minuten verstrichen, in denen der Rumpf der »Gustloff« immer weiter nachgab.

Wie Ursula Birkle berichten auch andere Überlebende, dass die Evakuierung der Menschen in ein heilloses Chaos ausartete. U-Boot-Mann Hans-Joachim

Elbrecht hatte den Eindruck, dass sich auch die Schiffsleitung der trügerischen Sicherheit des großen Schiffes hingegeben hatte. »Es war nichts vorbereitet«, sagt der Seemann. »Niemand hatte uns gezeigt, wie man diese Rettungsboote bedient.«

Allerdings wurden die Evakuierungsmaßnahmen auch zusätzlich dadurch erschwert, dass ein Großteil der Stammbesatzung der »Gustloff« im Vorschiff untergebracht gewesen war, das den ersten Torpedotreffer abbekommen hatte. Sofort hatten sich die Schotten geschlossen, um ein Vordringen des Wassers in das Schiff zu verhindern. Die Männer, die sich am besten auf dem Schiff auskannten und Hilfe hätten leisten können, waren bereits wenige Minuten nach der ersten Detonation tot.

Während es an Oberdeck gelang, wenigstens einige der Flüchtlinge zu evakuieren, bahnte sich im Schiffsinneren ein Drama an. Im trügerischen Glauben, hier an Deck zu gelangen, waren Hunderte von Passagieren in das verglaste untere Promenadendeck geströmt. Jürgen Esselmann sah mit Schrecken, wie ein Passagier nach dem anderen in das Deck stürzte, das sich nun als tödliche Falle entpuppte. »Ich habe denen nur im Vorbeilaufen zugeschrien: ›Umdrehen Leute, da kommt ihr nicht mehr raus!‹ Aber die Masse Mensch zu besänftigen oder zur Vernunft zu bringen ist einfach nicht möglich.« Ursula Resas und ihre Schwester waren der Menge gefolgt. Als sie ihren

Offene Koffer und Taschen flogen herum, Kinder wurden platt getreten, lagen blutend am Boden. Die Mütter hätten überhaupt keine Chance gehabt, ihre Kinder zu greifen, die wurden einfach weitergedrängt.

HEINZ-GÜNTHER BERTRAM, 2. ULD AUF DER »WILHELM GUSTLOFF«

»Rettung auf hoher See«: Szene aus dem Spielfilm
»Nacht fiel über Gotenhafen« von 1959.

Fehler erkannten, wollten sie umdrehen, doch der Rückweg war versperrt. »Da standen Soldaten mit entsicherten Pistolen, sie haben uns zurückgedrängt«, so Ursula Resas. Die Matrosen wollten verhindern, dass noch mehr Menschen auf das Oberdeck liefen, auf dem ohnehin ein wilder Kampf um die wenigen Rettungsboote entbrannt war.

Heinz-Günther Bertram stand jenseits der Glasfront des Promenadendecks. Der Anblick, der sich ihm hier bot, erfasst ihn noch heute mit Grauen. »Das Schiff ging immer tiefer und tiefer. Ich konnte die Leute hinter den Glasscheiben hängen sehen. Sie schnappten nach Luft, das Wasser stieg immer höher.« Sein Kamerad Elbrecht griff zu einem Eispickel und versuchte, das dicke

Sekuritglas von außen kaputtzuschlagen. »Von innen schossen Soldaten in die Scheiben, aber sie gingen einfach nicht kaputt, die Menschen waren gefangen in einem gläsernen Sarg.« Ursula Resas versuchte, mit ihrem Schuh das Fenster zu zertrümmern – vergeblich. Den Schrei ihrer Schwester hat sie nie vergessen: »Ulla, jetzt müssen wir sterben, Ulla, jetzt müssen wir sterben!« »Ich selbst aber habe immer viel Lebensmut gehabt«, sagt sie heute von sich. »Ich habe laut und deutlich gesagt: ›Nein, ich will nicht sterben, ich will leben!‹«

Auch auf dem Oberdeck spitzte sich die Situation bedrohlich zu. Die »Gustloff« hatte mittlerweile erhebliche Schlagseite. Binnen kürzester Frist neigte sich das Schiff um fast 30 Grad. Auf dem völlig vereisten Deck glitten die Flüchtenden hilflos aus. Wer sich noch halten konnte, hangelte an der Reling entlang. Mit Entsetzen sahen diejenigen, die in den Ausgängen zurückgeblieben waren, wie sich durch den immer stärkeren Neigungswinkel des Schiffes die auf dem Brückendeck positionierte Flak löste, donnernd auf die Reling zu schoss und die hier sich festklammernden Menschen mit sich in die Tiefe riss.

Ich schaute die Niedergänge runter in den Schiffsrumpf: Da war Panik. Die Menschen versuchten, nach oben zu strömen. Frauen, Kinder und ältere Leute hatten überhaupt keine Chance herauszukommen. Durch die Schräglage waren die Treppenstufen so steil, dass nur noch kräftige Menschen hochkamen, die sich am Geländer hochziehen konnten. Einige Soldaten versuchten mit Tauen, Menschen einzeln hochzuziehen. Aber das gelang nicht richtig. Und dabei wurden vor allem Kinder und ältere Leute totgedrückt und totgetrampelt.

<small>Nikolaus Höbel, Funkmaat auf der »Wilhelm Gustloff«</small>

Immer wieder beschworen die Schiffslautsprecher die Menschen, Ruhe zu bewahren, das Schiff werde nicht untergehen, Rettung sei längst unterwegs. Das Gerücht verbreitete sich, man liege auf einer Sandbank und könne so ungefährdet auf einen Schiffskonvoi aus der Danziger Bucht warten. Doch wer konnte das glauben in Anbetracht der eisigen Wellen, die bereits in regelmäßigen Abständen über das Deck brachen? »An den Ausgängen standen Frauen, Kinder, alte Männer«, berichtet

»Verzweifelte Menschen im Rettungsboot«: Szene aus dem Spielfilm »Nacht fiel über Gotenhafen« von 1959.

Hans-Joachim Elbrecht. »Man konnte ihnen nicht sagen, dass sie ins Wasser springen sollten. Jeder wartete, dass das Schiff weiter runter ging. Dann wurde eine Gruppe nach der anderen vom Wasser erfasst. Wenn die Wellen kamen, schrien die Menschen auf, die es erwischt hatte. Dann war die nächste Gruppe dran, und wieder die nächste. Diejenigen, die zuletzt aufgeschrien hatte, waren dann schon unter Wasser. Es war entsetzlich.«

Erst jetzt wurde vielen an Bord klar, dass sie nur die Wahl hatten zwischen dem Verbleib auf dem Schiff und dem Sprung in die Ostsee. Und beides – so schien es – bedeutete den sicheren Tod. Die Versuchung, das Schicksal selbst in die Hand zu nehmen, gewann bei einigen die Überhand. Viele Zeitzeugen erinnern sich, dass sie Schüsse hörten oder das Mündungsfeuer von Pistolen aufblitzen sahen. Helene Kremmer stand an Deck neben einer Familie. »Vater, jetzt schieß!«, hörte sie die Frau aufschreien. Dann fiel ein Schuss. »Das Kind war in der Mitte, und ich dachte: ›Um Gottes willen, der erschießt auch noch das kleine Kind und womöglich auch mich!‹ Da habe ich meine Tasche fallen lassen und alles, was ich noch mitgenommen hatte, und habe zu mir gesagt: ›Nun ist Schluss! Kommst du durch, ist's gut, kommst du nicht durch, kann man es auch nicht ändern.‹ Und dann bin ich gesprungen.«

Inzwischen hatten auch der kleine Winfried Harthun und seine Familie das Oberdeck erreicht. Die Mutter musste sich um drei Kinder gleichzeitig kümmern. Sie hielt die Jungen dicht an ihrer Seite, das Enkelkind auf dem Arm. Als sie an der Reling ein angefrorenes Floß vorfand, setzte sie ihren Jüngsten hinein. »Bleib da drin und rühr dich nicht«, habe sie zu ihm gesagt, erinnert sich Winfried Harthun. Es war das letzte Mal, dass er die Stimme seiner Mutter hörte. Als sich die »Gustloff« abermals neigte, löste sich sein Floß und rutschte quer über das Oberdeck. »Ich habe mir später immer wieder die Frage gestellt, was in meiner Mutter vorgegangen ist, als sie ansehen musste, wie ihr Jüngster auf das Wasser zurutschte. Sie war immer so besorgt gewesen um uns, auch um die kleine Enkeltochter. Auf der ›Gustloff‹ hatte sie wie eine Glucke immer dafür gesorgt, dass keiner von uns abhanden kam.« Auf der anderen Seite des Schiffes prallte das Floß gegen die Reling und Winfried Harthun stürzte ins Meer.

Viele waren bereit zu sterben. Manche Seeleute nahmen noch schnell eine der jungen Marinehelferinnen in den Arm, um mit ihr zusammen unterzugehen. Es waren groteske Szenen.
RALF WENDT, ARZT AUF
DER »WILHELM GUSTLOFF«

Der Moment, in dem sie in die Ostsee eintauchten, ist aus der Erinnerung vieler Überlebender wie ausgelöscht. Die meisten Passagiere der »Gustloff« haben die Temperatur des Wassers nur wenige Minuten überlebt. Bei einer Lufttemperatur von minus 18 Grad lag die des Wassers etwa beim Gefrierpunkt. Viele waren durch die Torpedotreffer im Schlaf überrascht worden und nur mit einem Nachthemd oder einer dünnen Jacke bekleidet. Heinz-Günther Bertram ist sich noch heute sicher: »Mein dicker Marinemantel hat mir das Leben gerettet.« Tatsächlich bot die Kleidung, auch wenn sie sich binnen weniger Momente voll Wasser saugte, wenigstens für kurze Zeit noch Schutz vor dem Eiswasser. Wer jedoch keine Schwimmweste hatte, war gleichzeitig in Gefahr, vom Gewicht der eigenen Kleidung in die Tiefe gezogen zu werden. Die meisten Flüchtlinge hatten ihre Schwimmwesten zur Nacht als Kopfkissen benutzt und es nicht mehr geschafft, die rettende Schwimmhilfe anzulegen. Im Wasser um die sinkende »Gustloff« hallten die Schreie der ertrinkenden und erfrierenden Menschen.

Waltraud Grüter hatte Glück im Unglück. Sie hatte sich aus dem Schiff nach oben gekämpft und stand nun, nur mit einer dünnen Bluse bekleidet, an der Reling, un-

»Es gab zu wenige Rettungsboote«: Szene aus dem Spielfilm »Nacht fiel über Gotenhafen« von 1959.

schlüssig, was nun zu tun sei. Ein Matrose nahm ihr
beherzt die Entscheidung ab, zog seinen dicken Militärmantel aus und gab ihn ihr. »Bloß nicht runterschauen«, schärfte er der jungen Frau ein, die dennoch
verzweifelt in das brodelnde Wasser unter ihren Füßen
starrte. »Ich hatte solche Angst«, erinnert sich die Marinehelferin, »aber er hat einfach ganz bestimmt gesagt:
›Jetzt springen wir‹ – und das haben wir dann auch gemacht.« Im Wasser rief er ihr dann noch zu, sie solle so
schnell wie möglich vom Schiff wegschwimmen und
versuchen, einen Platz in einem Boot zu bekommen.
Dann verlor Waltraud Grüter den Mann aus den Augen, der ihr vermutlich durch seine Entschlossenheit das
Leben gerettet hat.

Diejenigen, die einen Bootsplatz ergattert hatten, versuchten, so schnell wie möglich vom Todesschiff wegzurudern. Sie befürchteten, beim Untergang des Schiffes vom Sog erfasst zu werden. Noch hielt sich die
»Gustloff«, doch ihr Bug neigte sich tiefer und tiefer
in die Ostsee. Im Schiffsinneren machte sich das in
Gotenhafen abgeschraubte Mobiliar selbstständig und
zerquetschte die zusammengedrängte Menge.

Der Maschinist Johann Smrczek hatte seit dem ersten Treffer überlegt, wie er auf das Oberdeck gelangen
könnte, um seinen Auftrag, nämlich das Stromaggregat
anzuwerfen, zu erfüllen. Vielleicht würde die Notbeleuchtung die panischen Menschen etwas beruhigen.
Sein Weg führte ihn an einem der Speisesäle vorbei, in
dem mittlerweile ein heilloses Durcheinander herrschte.
Die Menschen rutschten immer weiter auf das Wasser
zu, das den Saal bereits zu einem Großteil überflutete. »Alle Leute sind auf die Wasserseite gerutscht. Das
Schiff war schon so schräg, dass sich die Tische und

Bänke selbstständig machten und auf die Menschen da unten prallten. Es war ein unheimliches Geschrei. Helfen konnte man nicht mehr«, berichtet Smrczek. Hätte er versucht, jemanden aus dem Gedränge herauszuholen, wäre er mit Sicherheit selbst zerquetscht worden, weiß der Obermaschinist. Doch bis heute lassen ihn die Zweifel nicht los, ob er es nicht doch hätte versuchen sollen.

Zunächst vom Anblick des Dramas im Speisesaal wie hypnotisiert, riss sich Smrczek schließlich davon los und erinnerte sich an seine Aufgabe. Er musste es schaffen, ans Oberdeck zu gelangen. Im Gegensatz zu den Flüchtlingen kannte er die Notausgänge des Schiffes. Die Schornsteinattrappe der »Gustloff« hatte im Inneren eine eiserne Sprossenleiter, die direkt über alle Decks nach oben führte. Der erfahrene Seemann erklomm eine Stufe nach der anderen. Im Inneren des Schornsteins war er ganz allein, nur gedämpft drangen die Geräusche der vor Panik rasenden Menge bis hierhin vor. Ein Deck nach dem anderen ließ er hinter sich. Hinter der Wand konnte er an einer Stelle die Stimmen der Offiziere auf der Brücke ausmachen. Er rief laut: »Wie sieht's aus?« »Ganz schlecht«, kam kurz angebunden die Antwort zurück. Als er schließlich im Freien anlangte und nach unten blickte, wusste er, warum: »Da schwammen Boote, da schwammen Flöße, Munitionskisten. Alles was man sich vorstellen kann, trieb auf dem Wasser um die ›Gustloff‹ herum. Und überall schwammen Menschen.«

Sollte Johann Smrczek auf dem Schiff bleiben und sich auf die vage Zusage auf Rettung verlassen oder aber sein Leben durch einen Sprung in die Ostsee riskieren? Er entschied sich für den Sprung. Eine knappe Stunde

nachdem er im Maschinenraum den Einschlag des ersten Torpedos gehört hatte, ließ sich der Maschinist ins
Wasser gleiten. Wie viele Passagiere zu diesem Zeitpunkt das Schiff verlassen hatten, konnte nie geklärt
werden. Tausende müssen es gewesen sein, die noch an
Bord waren, als Johann Smrzcek erkannt hatte, dass das
Ende der »Wilhelm Gustloff« kurz bevorstand.

Untergang

Auf die Frage, welches Bild ihnen als Erstes in Erinnerung kommt, wenn sie an das Unglück der »Wilhelm Gustloff« zurückdenken, antworten die meisten Überlebenden übereinstimmend: »Das war der Moment, in dem das Schiff versank.« In diesem Moment, in dem die Wellen der Ostsee den 25 484 Bruttoregistertonnen großen Stahlkoloss wie ein Spielzeug emporhoben, starb die überwiegende Anzahl der Opfer der Gustloff-Katastro-

»Der Untergang der Gustloff«: Szene aus dem Spielfilm »Nacht fiel über Gotenhafen« von 1959.

phe. Der Ozeanriese hatte den schlimmsten Treffer im Vorschiff erhalten. Minute um Minute war der Bug gesackt, bis sich das Heck jetzt mit einem gigantischen Ruck in die Höhe hob. Die »Gustloff« schien kurzzeitig zu erstarren, um dann in nur wenigen Augenblicken mit dem Vorschiff voran in den Fluten zu versinken. »Das hat keine Minute gedauert«, erinnert sich Johann Smrczek. »Der Bug war weg, die Kommandobrücke war weg, dann sah man noch kurz das Heck, zum letzten Mal einen schwachen Umriss der Silhouette – und dann war sie verschwunden.«

Ein junge Frau schwamm im Wasser und vor ihr ein volles Rettungsboot. Sie hob ihr Kind aus dem Wasser in die Höhe und bettelte und flehte: »Nehmt doch wenigstens mein Kind mit!« Aber jeder war sich selbst überlassen – da reagierte kein Mensch.

NIKOLAUS HÖBEL, FUNKMAAT
AUF DER »WILHELM GUSTLOFF«

Die Schiffbrüchigen auf dem Wasser hielten inne. Aus bis heute nicht geklärten Gründen sprangen im Moment des Untergangs alle Lichter des Ozeanriesen an. »Plötzlich erstrahlte die ›Gustloff‹ in einem gleißenden Lichtschein«, berichtet Waltraud Grüter. Im gleichen Augenblick heulte die Schiffssirene auf und verstummte gurgelnd, als der Schornstein in die eiskalten Fluten eintauchte.

Bei Ingeborg Dorn ist der Anblick des sterbenden Dampfers in der Erinnerung ausgelöscht, doch etwas anderes hat sie nie mehr losgelassen. »Es war der Schrei, dieses dumpfe Schreien der Menschen, die noch immer im Schiff waren. Das habe ich noch immer im Ohr. Das war der Todesschrei der ›Gustloff‹.«

Als der einstige Stolz der KdF-Flotte ohne Turbulenzen im Meer versank, war es 22.15 Uhr. Der Sog, den die Flüchtlinge befürchtet hatten, blieb wegen der geringen Wassertiefe aus. Seit dem Einschlag der Torpedos war gerade eine Stunde vergangen. Für einen Augenblick war es still geworden, dann waren erneut Schreie zu hören.

Wie viele Menschen mit dem Wrack der »Gustloff« in die Tiefe gezogen wurden, kann nur erahnt werden. Tausende trieben in den Wellen – wenige in Rettungsbooten oder auf Flößen, die meisten klammerten sich an Wrackteile oder hingen hilflos in ihrer Schwimmweste. Wer noch in der Lage war zu schwimmen, versuchte zu den Booten oder Flößen zu gelangen.

Ursula Birkle bemühte sich, die flehenden Menschen in ihr Boot zu ziehen. Obwohl das Mädchen nicht sonderlich kräftig war, gelang es ihm, drei Schwimmenden ins Trockene zu helfen. »Das eine war ein junges Mädchen, der andere ein Soldat, der nur noch ein Bein hatte, der dritte war, glaub ich, auch ein Mann. Aber dann schimpften die Leute im Boot und sagten, ich solle aufhören, wir würden alle untergehen, wenn noch mehr Leute an Bord kämen.« Das Mädchen hatte die Hilflosigkeit der Menschen im Wasser gesehen und spontan zugepackt. Die Erwachsenen handelten oft rationaler. Helene Kremmer bekennt heute: »Da war jemand, der meinen Fuß festgehalten hat. Ich hab mich gewehrt und der Person mit meinem Stiefel auf den Kopf getreten.« Auch Soldat Rudolf Geiss wollte sein eigenes Leben nicht riskieren, als drei Schwimmer um Aufnahme auf sein Floß baten. »Wir haben sie abgewehrt. Wenn die drei sich drangehängt hätten, wären wir alle umgekippt.«

Ohnehin waren die meisten Schiffbrüchigen in den Rettungsbooten starr vor Schreck und Kälte. Unfähig zu reagieren, mussten die meisten zusehen, wie rings um sie herum Hunderte, ja Tausende von Menschen starben. Die Marinehelferin Margot Käune hat die Erinnerung an diese Momente bis heute nicht überwunden. Immer wieder verfolgt sie das Bild der Sterbenden, die von den Wellen an die Wasseroberfläche gespült wurden und dann wieder im dunklen Wasser versanken. »Sieben-, acht-, neunmal hintereinander kamen die Köpfe an die Oberfläche«, erinnert sie sich ergriffen. »Die Augen waren weit aufgerissen, und dann verschwanden die Gesichter wieder.« Auch für Ingeborg Dorn ist dieser Anblick bis heute unauslöschlich in ihre Erinnerung eingebrannt. »Diese Gesichter werde ich niemals vergessen«, sagt sie. »Einige von ihnen sind mir heute noch so präsent, dass ich sie zeichnen könnte.«

Ich konnte mich auf ein schmales Schlauchboot retten. Darauf saß ich dann ein paar Stunden, meine Beine hingen im Wasser. Mit mir auf dem Floß saß ein kleiner schwarzer Hund – ich habe keine Ahnung, wo der herkam. Er hat mir die ganze Zeit über Gesellschaft geleistet. Als ich dann von einem Minensuchboot gerettet wurde, wurde er zurückgelassen. Er wird wohl ertrunken sein.

MARGOT KÄUNE, FLÜCHTLING

Für die hilflosesten unter den Opfern gab es kaum Rettung. Zahllose Kinder trieben in den Wellen, weinend, stumm vor Schrecken – oder schon tot. »Ich habe meinem Kind niemals das Lied *Alle meine Entchen* vorsingen können«, berichtet Ursula Resas heute. »Die Köpfchen der Kinder waren ja schwerer als die Füßchen. Diejenigen, die Schwimmwesten umhatten, lagen mit den Köpfchen im Wasser und ihre Füße ragten in die Höh.«

An Bord der »S 13« hatten die Soldaten atemlos gelauscht, nachdem der Feuerbefehl ergangen war. Iwan Schnabzew erinnert sich: »Wir hörten den ersten Einschlag, dann den zweiten, dann den dritten, aber wo blieb der vierte? Was war mit dem vierten Torpedo?« Das vierte Geschoss war im Rohr stecken geblieben. Die erfahrenen U-Boot-Männer wussten, dass sie verloren waren, sollte der Torpedo innerhalb des Bootes krepieren. Zudem drängte die Zeit. Auch wenn die »Gustloff« getroffen war, hatte sie Geschütze, um sich zu wehren, und auch das Torpedoboot »Löwe« hätte »S 13« zusetzen können.

Die Besatzungsmitglieder des sowjetischen U-Bootes berichten heute übereinstimmend, das »S 13« sei so schnell wie möglich untergetaucht und abgelaufen. Zeitzeugen von der »Gustloff« widersprechen dieser Darstellung. Horst Mankowka, Mitglied der 2. ULD, erzählt: »Ich stand an der Reling, die ›Gustloff‹ hatte schon starke Schlagseite. Da entdeckte ich plötzlich ein U-Boot. Ich dachte erst, es seien Deutsche, und habe zu den Frauen neben mir gesagt: ›Beruhigt euch, es sind schon Rettungsschiffe da.‹ Dann aber sah ich, wie vom Turm drei Mann herunterkletterten, nach vorn liefen und an der Kanone hantierten. Da habe ich gewusst, das müssen Russen sein. Es hat nicht lang gedauert, bis die drei zum Turm zurückliefen, und weg war das U-Boot.« Ursula Birkle bestätigte im Interview Mankowkas Aussage: »Da war

Wir wussten nicht, wer auf der »Wilhelm Gustloff« war. Als wir zu unserer Basis zurückgekehrt waren, haben wir es aus schwedischen Zeitungen ausführlich erfahren.

Iwan Schnabzew, Akustiker auf dem U-Boot »S 13«

etwas langes Schwarzes, das mit einem Mal aus dem Nichts auftauchte. Wir haben Geschützrohre gesehen, die auf uns gerichtet waren. Dann war das Boot bereits wieder verschwunden.«

Iwan Schnabzew hat die Momente nach der Torpedierung anders in Erinnerung: »Wir tauchten sofort in die Tiefe runter. Diejenigen, die oben Wache standen, haben gerade noch gesehen, wie die ›Wilhelm Gustloff‹ nach steuerbord kippte. Wir sind dann abgetaucht und haben uns davongemacht.«

Die Geschichten unterscheiden sich. Natürlich wollen es sich die Russen, die damals an Bord von »S 13« waren, nicht zum Vorwurf machen lassen, tatenlos zugesehen zu haben, wie Tausende hilfloser Zivilisten in der eisigen Ostsee ertranken. Dass »S 13« aufgrund des stecken gebliebenen Torpedos noch länger am Schauplatz des Dramas manövrierte, ist anzunehmen. Wie viel die Crew wirklich gesehen hat vom Leid der Schiffbrüchigen, ist heute kaum noch zu klären. Die Männer von »S 13« erzählen lieber von einem anderen Kapitel der Geschichte: Nicht lange nach dem Untergang der »Gustloff« hörten Iwan Schnabzew und Alexej Astachov erneut Detonationen. Jetzt wurde »S 13« gejagt.

Die »Wilhelm Gustloff« hatte kein SOS absetzen können, da der Funkraum bei der Torpedierung erheblichen Schaden genommen hatte. Man hatte lediglich Leuchtraketen als Notsignal aufsteigen lassen. Doch Torpedoboot »Löwe«, nur wenige Meter vom Schauplatz der Katastrophe entfernt, setzte sofort auf allen Frequenzen Funksprüche ab. Man befand sich direkt auf »Zwangsweg 58«, der auch von anderen Konvois aus der Danziger Bucht genommen wurde. Das sollte sich nun als vorteilhaft erweisen. Die Ersten, die der

Notruf der »Löwe« erreichte, waren der Kreuzer »Admiral Hipper« und sein Geleitschiff, das Torpedoboot »T 36«. Die Kapitäne der Schiffe wussten, was die Nachricht von der Torpedierung der »Gustloff« zu bedeuten hatten. Sie hatten gesehen, wie viele Flüchtlinge der ehemalige KdF-Dampfer aufgenommen hatte. »Admiral Hipper« und »T 36« waren mehrere Stunden nach der »Gustloff« in Gotenhafen ausgelaufen, jedoch mit erheblich mehr Tempo. Der Konvoi befand sich zum Zeitpunkt des Unglücks nur etwa dreißig Minuten entfernt, in östlicher Richtung.

Die Fahrt ging nach Westen. Es wurde dunkel, es wurde Nacht. Gegen 21 Uhr sahen wir Seenotzeichen am Horizont, ganz schwach, und in derselben Minute kam ein Funkspruch, Torpedotreffer. Wer? – Die »Gustloff«. Da wussten wir Bescheid.

ROBERT HERING, KOMMANDANT DES TORPEDOBOOTS »T 36«

Als »Hipper« den Schauplatz erreichte, hielt sich die »Gustloff« gerade noch über Wasser. Auch der Kreuzer hatte zahlreiche Flüchtlinge an Bord, aber es hätte genügend Platz gegeben, um in einem Notfall wie diesem Hunderte unterzubringen. Doch die »Hipper« drehte ab und nahm eilig Fahrt in Richtung Westen auf. Wer im Wasser noch bei Bewusstsein war, konnte es nicht fassen. Heinz-Günther Bertram erinnert sich: »Wir sahen, wie das Kriegsschiff an uns vorbeifuhr. Die Scheinwerfer glitten ganz in unserer Nähe über das Wasser und dann entfernten sie sich wieder. Die Brüder ließen uns einfach hängen.«

»Admiral Hipper« war mit einer Bordwandhöhe von sechzehn Metern sehr hoch. Es wäre sicherlich schwer gewesen, die entkräfteten Schiffbrüchigen bis auf diese Höhe zu ziehen. So zumindest rechtfertigte die Schiffsführung später ihr Verhalten. Ausschlaggebend aber war wohl die Tatsache, dass der große Kreuzer ein ideales Ziel für einen Feind bot, von dem man annehmen musste, dass er sich noch in der Nähe befand. Der Kapitän entschied sich, das Leben der Flüchtlinge an Bord nicht zu gefährden und mit Höchstkraft weiterzulaufen – ohne einen einzigen Schiffbrüchigen aufzunehmen.

Die »Admiral Hipper« wäre mit Sicherheit versenkt worden, wenn sie an der Unglücksstelle gestoppt hätte, da bin ich mir sicher. Dieses große Schiff konnte nicht so einfach der U-Boot-Gefahr ausweichen wie unser Boot. Der Kommandant der »Hipper« hat die richtige Entscheidung getroffen.

<small>ERICH LEMKE, SEEKADETT AUF »T 36«</small>

Mit der »Hipper« erreichte auch deren Geleitschiff, das Torpedoboot »T 36«, den Schauplatz. Es stand unter dem Kommando des erst 27-jährigen Kapitänleutnants Robert Hering. 250 Flüchtlinge drängten sich an Bord, darunter auch Herings Mutter. Vorsichtig tasteten sich die Retter an das untergehende Schiff heran, Kapitän Hering wusste, dass jede unbedachte Wendung des Schiffes Menschenleben kosten konnte. Der Besatzung bot sich ein schauerlicher Anblick. »Die ›Gustloff‹ war hell erleuchtet«, erinnert sich der heute hochbetagte Robert Hering, »das Oberdeck, die Brücke, wir konnten alles genau sehen. Menschen fielen hinunter, hüpften oder sprangen hinunter. Das Schiff war umgeben von Hunderten von Menschen, die gerettet werden wollten. Hunderte von Toten trieben im Wasser. Man konnte die einen kaum von den anderen unterscheiden.«

Hering war sich der Verantwortung bewusst, die er auch für die Menschen an Bord seines eigenen Schif-

fes trug. Er versuchte zunächst, möglichst nah an die
»Gustloff« heranzufahren. Vielleicht würde es möglich
sein, die Menschen direkt zu übernehmen. Doch sehr
schnell war klar, dass die »Gustloff« in wenigen Momenten untergehen würde. Es blieb also nichts anderes
übrig, als Abstand zu halten und sich auf eine Rettung aus der See vorzubereiten. »Das war eine verteu-
felte Situation, denn was der ›Gustloff‹ passiert war,
das konnte uns ja auch passieren«, erinnert sich Hering,
»aber ich entschied: Retten geht vor.«

Einer von Herings damaligen Matrosen, Seekadett
Erich Lemke, bewundert seinen damaligen Chef noch
heute für den Mut, den er in
dieser schwierigen Lage bewies:
»›Hipper‹ ist im Zickzackkurs
abgebraust und hat Hering ganz
allein die Verantwortung überlassen. Er hat sie ganz allein
übernommen.« Robert Hering
wehrt bescheiden ab, wenn er
auf seine Heldentat angespro-
chen wird. »Das kann ich nicht
ab, wenn man mir so dankt«,
sagt der Mann, dem Hunderte
in dieser Nacht ihr Leben ver-
dankten. »Für mich war das
Schlimmste, dass ich eigentlich
nur tatenlos mit den Händen in
der Manteltasche auf der Brücke stehen konnte. Die Leute
haben mich beschimpft, ich solle

*Irgendwann saß ich endlich
in einem Boot. Rechts
von mir war ein junges
Mädchen, das nach seiner
Mama weinte. Links von
mir kauerte ein junger
Mann, der sich über mich
übergab. Um uns herum
waren Menschen, die in das
Boot wollten, doch es
hieß: »Das Boot ist voll.«
Man schlug ihnen mit
dem Ruder auf die Hände,
bis sie losließen.*

INGEBORG DORN, MARINEHELFERIN

doch etwas tun, aber ich konnte nur das Schiff auf Position halten und meine Männer ausschicken.«

Wenige Minuten nachdem »T 36« die »Gustloff« erreicht hatte, war diese auch schon versunken. Neben dem kleinen Torpedoboot »Löwe« war »T 36« nun die einzige Hoffnung für Tausende von Menschen. In aller Eile befahl der Kapitän, rings um das Boot breite Seefallreepe auszubringen, von denen aus die Seeleute, im Wasser stehend, die hilflosen Flüchtlinge auffischten und an Bord hoben.

Die entkräfteten Schiffbrüchigen waren kaum noch in der Lage, sich zu bewegen. Für die Retter war das Knochenarbeit. Im Turnus wechselten sie sich in der vordersten Reihe ab, hoben oder zogen die Menschen aus den Wellen. Deren Kleider waren zum Teil so voll Wasser gesogen, dass auch die kräftigen Seeleute von »T 36« Schwierigkeiten hatten, die Körper hochzuheben. »Das waren Zentner, die man da bewegen musste«, erinnert sich Erich Lemke. »Wenn man das zehn Minuten gemacht hatte, war man absolut fertig.« Einige Frauen hatten Pelzmäntel an, die sich im Wasser in aalglatte Felle verwandelten, an denen die Hände der Retter immer wieder abglitten. Gelang es, einen Schiffbrüchigen über die Bordwand zu hieven, wurde er sofort von Matrosen und anderen Flüchtlingen in Empfang genommen, in aller Eile ausgezogen und trocken frottiert. Robert Herings Mutter übernahm unter Deck resolut das Kommando und organisierte die Helfer. Mit Schnaps oder heißem Tee versuchte man, die vor Schreck und Kälte starren Menschen ins Leben zurückzuholen.

Hans-Joachim Elbrecht hatte es auf die »T 36« geschafft. Er erinnert sich: »Ich war so unglaublich schwach und müde. Ich habe nur noch einen warmen Raum gesucht und die Tür hinter mir zugemacht. Ich hatte die Küche erwischt, die knüppelvoll war, weil jeder an Bord die Wärme suchte. Alle waren klatschnass, wurden gerubbelt und unter heiße Duschen gestellt. Ich habe mich auf einen großen Kessel gesetzt, der noch ganz warm war. Vier Stunden später war ich wieder trocken.«

Auch Dr. Ralph Wendt gehörte zu den wenigen Glücklichen, die schnell aus dem kalten Wasser gezogen wurden. Kaum an Bord von »T 36«, meldete er sich als Arzt wieder einsatzbereit. Man rief ihn unter Deck, da liege eine junge Frau in den Wehen und brauche Hilfe. »Ich bin runter und sah die Frau, die ich kurz vorher auf der ›Gustloff‹ in das Rettungsboot gesetzt hatte«, erinnert sich Wendt noch heute ungläubig. »Oh, Herr Doktor, jetzt ist alles in Ordnung«, seufzte die Frau erleichtert. Wendt war ein wenig unsicher. Schließlich war er Soldatenarzt, kein Gynäkologe. Heute muss er ein wenig schmunzeln, wenn er sich zurückerinnert. »Nach kurzer Zeit wurden die Wehen heftiger und dann haben wir einen Buben entbunden. Er war kerngesund. Ich habe die Nabelschnur mit einem Küchenmesser durchgeschnitten und mit meinem Verbandszeug abgenabelt. So ist die Natur. Das Leben hört nie auf, es geht immer weiter.«

Nicht alle Schiffbrüchigen waren durchnässt, einige wenige gelangten trockenen Fußes in ein Rettungsboot und konnten von dort eigenständig an Bord von »T 36« klettern. Darunter waren auch Männer, über deren Anwesenheit in einem Rettungsboot die Besatzung des Torpedobootes recht erstaunt war. Kapitän Hering erinnert sich: »Wie durch ein Wunder erschien bei mir auf der Brücke der Kapitän der ›Gustloff‹. Da staunt man: Der Mann war trocken! Und dann kam auch noch der Kommandant der ULD!«

Die Tatsache, dass ausgerechnet die Kapitäne des Schiffes überlebten, während so viele der Passagiere, die ihnen ihr Leben anvertraut hatten, ertranken, erfüllt viele Überlebende noch heute mit Empörung. U-Boot-Ausbilder Jürgen Esselmann will allerdings keinen Stab über das damalige Verhalten der Schiffsleitung brechen: »Dieser Grundsatz, dass der Kapitän mit seinem Schiff untergehen muss, ist in der Seefahrt doch schon lange passé.« Hans-Joachim Elbrecht ist da kritischer: »Das war also nicht gerade das vornehme Verhalten eines Seeoffiziers. Erst einmal kommen doch Frauen und Kinder!« Erich Lemke half Korvettenkapitän Wilhelm Zahn, dem Kommandanten der 2. ULD, an Bord. »Der war völlig verzweifelt«, erinnert er sich. Auch die beiden Fahrkapitäne überlebten das Unglück. Einer von ihnen nahm sich wenige Jahre später das Leben. Korvettenkapitän Zahn hat trotz zahlreicher Anfragen bis zu seinem Tod nicht mehr öffentlich über die Tragödie der »Gustloff« gesprochen. Zahn war der einzige der vier Kapitäne, der nach dem Unglück vonseiten der Kriegsmarine zum Hergang der Katastrophe befragt wurde. Am 4. Februar 1945 beantwortete er schriftlich Fragen des Marine-Oberkommandos Ost. Danach wurde der Fall ad acta gelegt, ohne dass den Kapitänen ein Fehlverhalten hätte nachgewiesen werden können.

Kapitän Hering hatte den Funkern an den Horchgeräten höchste Wachsamkeit eingeschärft, denn noch im-

Als wir Wasserbomben auf das russische U-Boot warfen, brach an Bord noch einmal Panik aus, denn viele glaubten, es käme ein neues Unglück über sie, denn Wasserbomben erzeugen einen unheimlichen Lärm.

ERICH LEMKE, SEEKADETT AUF »T 36«

mer schwebte sein Schiff in größter Gefahr. Er musste damit rechnen, dass das russische U-Boot, das auf die »Gustloff« gefeuert hatte, noch in der Nähe war. Und tatsächlich fingen die Akustiker immer wieder Signale auf, allerdings waren sie unklar und gestört, da auf dem Wasser Wrackteile und Boote schwammen. Hering versuchte, anhand der Meldungen die ungefähre Position des Gegners auszumachen und den Bug von »T 36« genau dorthin auszurichten. Die Spitze des Schiffes, so Herings Überlegung, würde einem Torpedo die kleinstmögliche Angriffsfläche bieten. Zudem entschloss sich der Kapitän die an Bord befindlichen Wasserbomben abzuwerfen, obwohl er damit rechnen musste, dass dadurch auch Menschen im Wasser zu Schaden kommen könnten. Wäre das Schiff jedoch torpediert worden, hätte dies das Ende für alle Passagiere bedeutet. Erich Lemke denkt noch oft an die Menschen, die möglicherweise durch die Wasserbomben des Rettungsschiffes gestorben sind. »Vielleicht ist ihnen ein viel grausamerer Tod erspart geblieben.«

Wir hatten dreizehn U-Boote. Zwölf davon sind versenkt worden, nur wir sind zurückgekommen.

IWAN SCHNABZEW, AKUSTIKER

AUF DEM U-BOOT »S 13«

Als die Männer von »S 13« die ersten Detonationen der Wasserbomben hörten, wussten sie, in welcher Gefahr sie schwebten. Kommandant Marinesko beschloss, direkt an der Untergangsstelle der »Gustloff« zu tauchen. Hier – inmitten der Trümmer – würde sie der Gegner akustisch am wenigsten orten können. Crewmitglied Fjodor Danilow erinnert sich: »Durch die Wasserbomben wurde das Boot von unten hochgerissen, regelrecht emporgeschleudert.«

Doch keine der Bomben erreichte ihr Ziel. Ganz im Gegenteil – das russische U-Boot geriet erneut in eine günstige Schussposition. Um 00.25 Uhr ertönte auf »T 36« der Schrei: »Torpedos auf Kollisionskurs!« Nur knapp konnte Hering das Schiff hart nach steuerbord drehen und der Attacke entkommen. Es wurde höchste Zeit abzulaufen. Doch was sollte dann aus all diesen Menschen werden, die noch immer in der Nähe von »T 36« im Wasser trieben? Robert Hering berichtet: »Mein 1. Offizier kam herein und sagte mit fester Stimme: Es geht nicht mehr. Wir können niemanden mehr aufnehmen.« Damit war die Entscheidung gefallen. Hering gab den Befehl zum Abbruch der Rettungsmaßnahmen. Mit 564 Schiffbrüchigen an Bord verließ »T 36« den Unglücksort und folgte der »Hipper«. Zurück blieb Torpedoboot »Löwe« inmitten eines Leichen- und Trümmerfeldes, das weiter und weiter auseinanderglitt. Und noch immer trieben Lebende auf der Ostsee. Einige von ihnen waren noch bei Bewusstsein und mussten mit ansehen, wie sich die Lichter der Suchscheinwerfer entfernten. Für sie begann eine endlose Zeit des Wartens.

Tragödie

Johann Smrczek war wenige Momente vor dem Untergang der »Gustloff« von Bord gesprungen. Ein Floß, auf dem bereits zwölf Menschen kauerten, nahm ihn auf. Die Schiffbrüchigen sprachen wenig, kaum ein Wort durchbrach die bedrückte Stille. »Da war kein Licht und kein Laut«, erinnert sich der Maschinist. »Einmal schrie ein kleiner Junge, der auf einem anderen Floß stand: ›Wo ist meine Mami, wo ist meine Mami?‹ Einer aus unserem Boot rief zurück, sie würde auf einem anderen Floß sein und bestimmt gleich kommen, um ihn zu beruhigen. Dann war wieder alles still.«

Die Schiffbrüchigen hielten sich gegenseitig an, ruhig zu sein, die Kräfte zu schonen. Denn solange kein Scheinwerferlicht zu sehen war, halfen Hilfeschreie gar nichts. Doch wie sollte man so lange aushalten? »Ich wusste, dass wir immer in Bewegung bleiben mussten«, erinnert sich Heinz-Günther Bertram. »Immer die Füße bewegen, immer mit den Armen rudern und vor allem: Auf gar keinen Fall einschlafen!«

Auch Waltraud Grüter hatte sich beim Untergang der »Gustloff« in ein Boot retten können. Zu Anfang konnte sie die Menschen um sich herum noch wahrnehmen. »Doch dann wurde einer nach dem anderen ruhig. Die Leute schrien irgendwann nicht mehr um Hilfe. Und dann sackten sie in sich zusammen. Sie waren vor Erschöpfung und Kälte gestorben.« Die Marinehelferin versuchte, sich in ihre eigenen Gedanken zu flüchten.

Als ich im Wasser wieder anfing zu denken, kam mir in den Sinn, dass man es bei diesen Wassertemperaturen höchstens zehn bis fünfzehn Minuten aushalten könnte, bevor Herzstillstand oder Kreislaufversagen eintreten würden. Das war für mich das Signal, zu schwimmen, so gut und so schnell ich konnte. Plötzlich trieb vor mir in der Dunkelheit ein Floß. Ich versuchte mich festzuhalten, aber man schlug denen, die sich festhielten, auf die Finger oder drückte ihre Köpfe unter Wasser, bis sie losließen. Mein Glück war, dass ich um Hilfe rief. Ein Kollege erkannte meine Stimme und half mir hoch.

NIKOLAUS HÖBEL, FUNKMAAT
AUF DER »WILHELM GUSTLOFF«

»Ich habe ganz intensiv gebetet«, erinnert sie sich heute, »und ich habe mir drei Sachen geschworen. Das erste war, dass ich aufhöre zu rauchen. Und tatsächlich habe ich nie wieder in meinem Leben eine Zigarette angefasst. Das zweite war, dass ich nicht mehr so überheblich sein will. Und das dritte war, dass ich meinen Freund heirate. Ich habe mich dran gehalten und bin bis heute darüber sehr froh.« Sie kann sich nur noch bruchstückhaft daran erinnern, wie die Stunden verstrichen. Als ein Soldat sie an der Schulter rüttelte, schreckte sie hoch. Sie solle mithelfen, die Leichen aus dem Boot zu werfen, hörte sie eine Stimme sagen. Waltraud Grüter packte mit an. Dann versank sie wieder in eine Art Dämmerschlaf.

Unweit der Marinehelferin trieb auch Ursula Resas auf der Ostsee. Sie hatte ihre Schwester aus den Augen verloren, als das Wasser in das Promenadendeck eindrang. In letzter Minute hatte das Glas, das ihr den Ausweg versperrte, nachgegeben. Bevor sie ihre Situation richtig erkannt hatte, war sie im Wasser und klammerte sich an ein Floß. Nur ihr Oberkörper fand auf dem Floßrand Platz, die Beine hingen im Wasser. Vielleicht hat Ursula Resas dadurch ihr Leben gerettet, denn das Wasser war fast 20 Grad wärmer als die Luft. Dennoch hatte sie den Eindruck, dass ihre Kräfte mit jeder Minute schwanden. Immer wieder waren Scheinwerfer über sie hinweggeglitten, jetzt war alles dunkel. »An Rosemarie habe ich in dieser Situation nicht denken können«, sagt Ursula Resas heute. »Ich habe an überhaupt nichts gedacht. Heute bin ich überzeugt davon, dass sich in solch einem Moment die Seele selbst schützt. Manche Leute sagen, ihr Leben sei an ihnen vorbeigezogen. Ich konnte nichts denken. In meinem Gehirn war es absolut leer.«

Winfried Harthun war nach seinem Sturz in die Ostsee sofort von helfenden Händen auf ein Floß gezogen worden. Durch die zahlreichen Kleidungsschichten, die ihm seine Mutter noch übergezogen hatte, war der Junge kaum nass geworden. Und das Glück schien ihm weiterhin hold zu bleiben. Bereits nach wenigen Minuten driftete sein Floß in die Nähe des Torpedobootes »Löwe«. Harthun erinnert sich: »Das Schiff hatte Netze an den Seiten heruntergelassen und Strickleitern und alle fingen an, hinaufzuklettern. Als ich versuchte, die Stricke hinaufzukrabbeln, zog mich jemand zurück, und ich hörte eine Stimme: ›Frauen und kleine Kinder zuerst.‹« In der Dunkelheit hatte man den Jungen für einen Erwachsenen gehalten.

Auf einmal blubbert es neben mir. Ich schaue runter und sehe eine Mütze mit einem großen Goldkranz und einem Schirm und sage: »Doktor?« – »Ja«, sagt er, »lass mich absaufen.« Ich sage, »So weit kommt es noch!«. Dann haben wir ihn mit vereinten Kräften ins Boot gehievt und nach und nach noch etliche Weitere.

JÜRGEN ESSELMANN, OFFIZIER
AUF DER »WILHELM GUSTLOFF«

»In den Kabinen, auf den Gängen, an Deck«:
Ein überfülltes Flüchtlingsschiff im Frühjahr 1945.

»Das Schiff lief dann wieder ab«, erinnert sich Harthun, »und der Einzige, der noch auf seinem Floß saß,
war Klein-Winfried.« Er kann heute nicht mehr sagen,
ob er in diesem Moment Angst hatte. Zu fremd war die
ganze Situation, als dass ein Kind wirklich hätte erfas-
sen können, in welcher Gefahr es schwebte.

Eine halbe Stunde etwa hatte Winfried noch Rufkon-
takt zu einem vorbeitreibenden Ruderboot, in dem drei
Marinesoldaten und eine Frau saßen. Der Junge konnte
hören, wie die vier gegen ihre Angst und die Müdigkeit
mit lauter Stimme sangen. Dann wurde es still. Erst
nach einiger Zeit stellte der Junge fest, dass er doch
noch einen Begleiter hatte. In der Halteleine des Floßes
hatte sich ein Soldat verfangen und trieb hilflos in den

Wellen. Der Siebenjährige war viel zu schwach, um den erwachsenen Mann auf das Floß zu ziehen. Noch einige Zeit redete der Soldat auf das Kind ein, das sich Schutz suchend immer tiefer in das Floß drückte, dann war es wieder still. Der Soldat war gestorben, und seine Leiche begleitete den Jungen durch die Nacht.

Torpedoboot »Löwe« nahm gegen 2.30 Uhr morgens Kurs nach Westen. Das kleine Schiff war mit über 470 Schiffbrüchigen an Bord bis in den letzten Winkel besetzt, die Matrosen am Ende ihrer Kräfte. Drei weitere Schiffe, das Motorschiff »MS Gotenland« mit seinen Geleitbooten »M 341« und »M 387«, waren mittlerweile eingetroffen, um die Rettungsaktion fortzusetzen. Die »Gotenland«, tags zuvor aus Pillau ausgelaufen, war mit 3300 Menschen bereits völlig überfüllt. Trotzdem ließ der Kapitän Boote aussetzen und immer noch wurden Lebende inmitten der Trümmer gefunden. Doch mit der Zeit erhielten die Matrosen in den Rettungsbooten kaum noch Antworten, wenn sie den Schiffbrüchigen etwas zuriefen.

An Bord der Rettungsschiffe kamen die Überlebenden langsam wieder zu sich. Sie waren gerettet, doch wo waren all die anderen? Ingeborg Piepmeyer

Ich war nicht in der Lage, alleine aufzustehen. Ich habe meine Beine an die heißen Rohre im Maschinenraum gehalten und langsam ging es besser. Jemand von der Besatzung hat mir eine Hose und ein Hemd gebracht. Dann bin ich aufgestanden, habe meine alten nassen Sachen zusammengesucht und auf den heißen Rohren getrocknet. Als sie trocken waren, holte ich meine Brieftasche heraus, legte das Geld, meine Heiratsgenehmigung und die Bilder von meiner Verlobten drauf. So bin ich langsam wieder in Form gekommen.
HORST MANKOWKA, FUNKMAAT
AUF DER »WILHELM GUSTLOFF«

war von den Matrosen des Torpedobootes »Löwe« heraufgezogen worden. Sie selbst war trocken und unversehrt, doch ihr Baby war zurückgeblieben. Das kleine Schiff war hoffnungslos überfüllt. Verzweifelt versuchte die junge Mutter, sich einen Weg durch die Gänge zu bahnen. Vielleicht hatte sich ja doch jemand ihres Kindes angenommen und es gerettet. Plötzlich rief man sie in die Kammer des Kapitäns. »An seinem grünen Mützchen und dem Jäckchen habe ich Egbert sofort wiedererkannt«, berichtet sie. »Ich habe ihn in die Arme geschlossen und war überglücklich.« Egbert Wörner, der Sohn von Ingeborg Piepmeyer kann sich selbstverständlich nicht mehr an die abenteuerliche Nacht seines Geburtstages erinnern. Seine Geburtsurkunde mit dem Vermerk: »Geboren am 30. Januar 1945 an Bord der ›Wilhelm Gustloff‹«, hat er noch heute. Er weiß, dass er sein Leben der Hilfsbereitschaft eines Schiffbrüchigen verdankt. Seinen Geburtstag kann er doppelt feiern. Für seine Mutter jedoch sind es auch die Gedanken an diejenigen, die nicht so viel Glück hatten wie sie und ihr Sohn, die sie an jedem 30. Januar bewegen.

Ursula Resas an Bord von »M 387« suchte in den Morgenstunden des folgenden Tages noch immer nach ihrer Schwester Rosemarie. »Bleibt wenigstens ihr zusammen«, hatte der Vater den Schwestern in Gotenhafen mit auf den Weg gegeben. Sie selbst war mit dem Leben davongekommen. Nach Stunden auf der eisigen Ostsee schließlich war der Strahl eines Suchscheinwerfers an ihrem Floß hängen geblieben. »Ich wurde hochgezogen«, erinnert sich die Marinehelferin an diesen Moment, den sie noch vor Augen hat, als sei er gerade geschehen. »Dann fiel ich dem ersten Matrosen um den Hals und sagte: ›Gott sei Dank, gerettet.‹ Und er sagte:

›Später, Mädchen, später.‹ Und dann wurde ich besinnungslos.« Als Ursula wieder zu sich kam, galt ihr erster Gedanke ihrer Schwester. Seit den dramatischen Minuten auf dem verglasten Promenadendeck hatte sie Rosemarie nicht mehr gesehen. Ein Feldwebel hielt die aufgebrachte junge Frau fest und schaute ihr prüfend ins Gesicht. Er hatte im hinteren Schiffsteil ein weinendes Mädchen entdeckt, das nach seiner Schwester rief. Und die sah dieser Frau sehr ähnlich. »Dann ging er zurück und holte die Rosemarie«, erinnert sich Ursula Resas. »Ich bin aufgesprungen, habe überhaupt nicht gemerkt, dass ich splitternackt war, weil mir die Decke weggerutscht ist. Wir sind uns in die Arme gefallen und haben gleichzeitig gelacht und geweint. Wir waren gerettet!«

Auf »T 36« kam auch Helene Kremmer langsam wieder zu sich. Auf ihre Bitte hin funkte die Besatzung des Torpedoboots die anderen Schiffe an, ob sich ein Obermaat Franz Kremmer unter den Geretteten befände. Die Antwort war immer die gleiche: »Nein.« Entmutigt sank Helene in eine Art Dämmerschlaf. »Und auf einmal klopfte mir jemand auf die Schulter«, erinnert sie sich, »und dann hörte ich seine Stimme: ›Ja, Hella, da bist du ja.‹ Ich habe ihn nur angeschaut, kein Wort mehr rausgebracht. Und dann hat er meine Hand genommen.« Auch ihr Mann hat diesen Moment bis heute nicht vergessen können. »Ich hatte sie an Deck allein gelassen. Ich hatte gedacht, ich müsse dem Befehl folgen, dass alle U-Boot-Männer vorne helfen müssten. Nie hätte ich zu hoffen gewagt, dass ich sie noch einmal lebend wiedersehe«, sagt Franz Kremmer.

Doch solche glücklichen Geschichten waren die Ausnahme. In der Nacht zum 31. Januar 1945 starben Männer, Frauen, Kinder, alte Menschen, verwundete

Soldaten, ganze Familien wurden ausgelöscht. Stellvertretend für Tausende von Tragödien steht das Schicksal von Irmgard Harnecker. Sie hat ihre Schwester und ihre kleine Tochter Ingrid nicht wiedergefunden. Der Moment, in dem ihr das Kind aus den Armen geglitten ist, ist in ihrem Gedächtnis ausgelöscht. Ihre Wahrnehmung setzte erst wieder ein, als sie allein im Wasser trieb. An ein »Schweben« im Wasser kann sie sich erinnern, sie habe den Eindruck gehabt, die »Stimmen von Engeln« zu hören. Wie durch ein Wunder überstand sie im Schockzustand die Stunden im Eiswasser. Für sie begann in dieser Nacht die Suche nach ihrem Kind, die über Jahre andauern würde. Immer wieder versuchte sie, die letzten Augenblicke mit dem Kind zu rekonstruieren. Vielleicht war die Wolldecke zu schwer gewesen, in die sie die Kleine gewickelt hatte. Vielleicht hatte sie sie beim Sturz in die See nicht fest genug gehalten. Ihr Mann half ihr, die Momente des Zweifels und der Selbstvorwürfe zu überstehen. Doch auch als sie nach dem Krieg ein zweites Kind, einen Sohn, zur Welt brachte, gab sie die Suche nach dem Mädchen nie auf. Manchmal gab es wieder Hoffnung, einmal war ein Kind gefunden worden, das ein Muttermal über dem Knie hatte – genau wie die kleine Ingrid. Doch sie war es nicht. Bis heute hat Irmgard Harnecker den Verlust ihres Kindes nicht verwunden. »Ich wollte doch mein Kind wiederhaben«, erzählt sie unter Tränen. »Ich

Ich habe erlebt, dass manche, nachdem sie von der »Löwe« gerettet wurden, einfach tot umgefallen sind. Sie wurden über die Reling bugsiert und starben im Moment ihrer Rettung.

RALF WENDT, ARZT AUF DER »WILHELM GUSTLOFF«

*»Endlich gerettet!« Ausschiffung von Flüchtlingen
aus Ostpreußen.*

wollte doch wenigstens die Gewissheit haben, dass es
tot ist. Denn es ist ja nur vermisst.«

Gegen vier Uhr morgens war für den kleinen Winfried Harthun endlich die Zeit des Wartens vorbei.
Durch die Hartnäckigkeit des 2. Offiziers der »Göttingen«, Heinz Schulz, hatte man auch den Jungen noch
gefunden. Harthun selbst, kann sich heute nur noch
bruchstückhaft an seine Entdeckung erinnern. »Ich
kann nicht ausschließen, dass ich da etwas gerufen
habe«, sagt er, »mir ist vor allem in Erinnerung, dass ein
Tauende in meinen Schoß fiel. Ich war wohl noch halb
am Schlafen und habe das Seil einfach wieder zurück-
geworfen.« Als ihn die Mannschaft der »Göttingen« in
Empfang nahm, war der Junge in erstaunlich gutem
Zustand. Während der vergangenen Stunden war er

immer wieder eingenickt. Ein Tiefschlaf hätte in der schneidenden Kälte seinen sicheren Tod bedeutet. Die Matrosen kümmerten sich nun rührend um das Kind, steckten ihm Zuckerwürfelchen zu und taten ihr Möglichstes, um den Kleinen davon abzulenken, dass seine Angehörigen wahrscheinlich die Katastrophe nicht überlebt hatten. Nach Hamburg müsse er, so viel hatte sich der Junge gemerkt.

Winfried war nicht der letzte Überlebende, der gerettet wurde. Vorpostenboot »1703«, das die Unglücksstelle gegen fünf Uhr morgens erreichte, fand neben den Leichen einer Frau und eines jungen Mädchens einen Säugling. Er lebte und würde später von seinem Retter adoptiert werden. In der Dämmerung verließ »1703« den Schauplatz. Mittlerweile trieben Öllachen, Gepäckstücke und Leichen über Kilometer verstreut auf dem Meer. Der Suchscheinwerfer des ablaufenden Schiffes streifte das Trümmerfeld. Es gab nichts mehr zu retten.

Das sowjetische U-Boot »S 13« verließ am Morgen die pommersche Küste und nahm Kurs in tieferes und damit sichereres Gewässer. In der darauffolgenden Nacht funkte es seinen Erfolg nach Osten. Der Name des versenkten Schiffes fiel nicht, Alexander Marinesko hat ihn höchstwahrscheinlich zu diesem Zeitpunkt selbst nicht gewusst. In Kronstadt wurde die Abschussmeldung zurückhaltend aufgenommen. Der Kapitän von »S 13« genoss nach seinen Eskapaden in Finnland nicht gerade viel Vertrauen bei der Marineobrigkeit, zudem hatte er schon einmal die Versenkung eines Dampfers von 5000 Tonnen gemeldet, der sich später als kleiner Frachter herausgestellt hatte.

Kaum zwei Wochen später meldete »S 13« erneut einen Erfolg. Das Boot hatte die »Steuben« versenkt, ein

Lazarettschiff, das ebenfalls auf dem Weg aus der Danziger Bucht nach Westen gewesen war. Nachdem Marineskos Meldungen einer Überprüfung standgehalten hatten, wurden ihm und seiner »S 13« die Abschüsse zugestanden. Der Kommandant erhielt den »Orden der Roten Fahne«, eine Standardauszeichnung, die bis dahin schon 250 000-mal vergeben worden war. Den Titel »Held der Sowjetunion«, mit dem Marinesko gerechnet hatte, erhielt er nicht. In den ersten Nachkriegsmonaten kämpfte der U-Boot-Kommandant verbissen um seine Anerkennung als Kriegsheld, bis er Anfang 1946 verbittert die sowjetische Marine verließ. Er hat nie wieder wirklich Fuß gefasst. In den 50er-Jahren für mehrere Jahre nach Sibirien verbannt, wurde er erst nach seinem Tod von der Sowjetunion für seine »Verdienste« im Zweiten Weltkrieg geehrt. In Russland erinnern heute ein Museum und eine Statue an den Mann, der die »Wilhelm Gustloff« versenkte.

Als wir erfuhren, dass so viele Menschen ertrunken waren, hatten wir großes Mitleid mit ihnen. Das waren doch lebendige Menschen gewesen! Jeder dachte: »Was ist, wenn wir an ihrer Stelle gewesen wären?« Sie hatten keine andere Wahl, genauso wie wir. Wenn wir uns geweigert hätten, wären wir an die Wand gestellt worden.

ALEXEJ ASTACHOW, MANNSCHAFT
DES U-BOOTS »S 13«

Im Westen galt Alexander Marinesko seit 1945 als skrupelloser Kriegsverbrecher, der wissentlich unschuldige Flüchtlinge ermordet hatte. »Er hat ein Ziel vor sich gesehen, und er hat dieses Ziel versenkt – das ist genau das, was zu dieser Zeit von ihm als Marineoffizier verlangt wurde«, sagt Marineskos Tochter Tatjana heute. Auch wenn viele der Flüchtlinge noch immer sehr emotional auf die Frage nach der Schuld des Sowjetkapitäns reagieren, bleibt festzustellen, dass die Versenkung der »Wilhelm Gustloff« kein »Kriegsverbrechen« im engeren Sinne war. »C'est la guerre«, meint Robert Hering, der Kommandant von »T 36«, heute dazu: Das Schiff transportierte Soldaten und war bewaffnet. Nach Kriegsrecht war der Abschuss demnach »legal«, wenn ein solcher Ausdruck in Anbetracht des Ausmaßes der Tragödie überhaupt statthaft ist.

Es war kein Kriegsverbrechen. Wir sind anfangs abgedunkelt gefahren, hatten Geschütze an Bord, und es waren Soldaten auf dem Schiff.
WINFRIED HARTHUN, FLÜCHTLING

Den Schmerz derer, die beim Untergang der »Gustloff« ihre Angehörigen verloren, kann diese formale Feststellung nicht lindern, doch heute, fast sechzig Jahre nach der Katastrophe, antworten fast alle Interviewpartner, sie könnten sich vorstellen, mit den überlebenden Besatzungsmitgliedern von »S 13« über die Vergangenheit zu sprechen. Der frühere Zahlmeisteraspirant Heinz Schön hat es getan. Anfang der 90er-Jahre reiste er nach Russland und traf mit Crewmitgliedern von »S 13« zusammen. Die meisten von ihnen berichteten ihm, bis zur Wende nichts vom Schicksal der Flüchtlinge gewusst zu haben. Auch unsere russischen Gesprächspartner bestätigten, sie hätten erst aus ausländischen Zeitungen erfahren, wen sie im Januar 1945 torpediert hatten.

In den Tagen nach der Tragödie der »Gustloff« brachten die Rettungsschiffe die Schiffbrüchigen nach Kolberg, Swinemünde und Saßnitz – diejenigen Häfen, die dem Unglücksort am nächsten lagen. Nur 1239

»Endlich in Sicherheit«: Deutsche Flüchtlinge in Dänemark.

Menschen konnten als Überlebende registriert werden. Viele Leichen wurden zurück nach Gotenhafen transportiert und dort in einer Halle zur Identifizierung aufgebahrt. Die Zeugen wurden angehalten, über das Ereignis Stillschweigen zu bewahren. Noch immer warteten Hunderttausende von Flüchtlingen in den Ostseehäfen auf ihre Evakuierung. Die Flucht auf dem Landweg war längst unmöglich geworden und eine Panik unter den Eingeschlossenen hätte die Situation nur noch katastrophaler gemacht. Selbst vielen Überlebenden wurde nahegelegt, nicht über das Erlebte zu sprechen. Einige von ihnen hielten sich Jahrzehnte an diese Order, nach Kriegsende jedoch nicht mehr aus Furcht, einen Schweigebefehl zu unterlaufen, sondern nur als Reaktion auf die Tatsache, dass kaum jemand ihre Geschichte hören wollte. Das Schicksal der Vertriebenen geriet in Vergessenheit, teils weil die Erinnerung politisch nicht opportun war, teils weil der Eiserne Vorhang die Menschen zunehmend von ihrer Heimat entfremdete. Vergessen aber hat keiner von ihnen die Orte der Kindheit. Und keiner von ihnen vergaß die Nacht zum 31. Januar 1945.

Für viele Überlebende der »Wilhelm Gustloff« begann in den Ostseehäfen, in die man sie gebracht hatte, erneut eine Reise ins Ungewisse. Winfried Harthun wurde auf der »Göttingen« in die Obhut einer jungen Frau gegeben, die wie er nach Hamburg wollte. Auch sein Bruder hatte den Untergang der »Wilhelm Gustloff« überlebt, im Westen konnten beide den Vater wiedertreffen. Doch Mutter, Schwester und die kleine Nichte wurden nie gefunden. Harthuns Bruder konnte nur noch berichten, wie er sah, dass die Mutter mit der Enkelin auf dem Arm abrutschte und quer über das

Deck auf die brodelnde See zuglitt. Vergeblich hatte der Junge versucht, sie am Mantelgürtel festzuhalten.

Die meisten der überlebenden Soldaten erhielten schnell neue Kommandos. Zahlmeisteraspirant Heinz Schön wurde auf den Dampfer »General San Martin« befohlen. Sein Ziel: Gotenhafen. Denn noch immer warteten in der Danziger Bucht Hunderttausende von Menschen. Elf Flüchtlingstransporte hat Heinz Schön bis zum Kriegsende noch miterlebt und dabei 22-mal die Untergangsstelle der »Wilhelm Gustloff« überquert. Die Geschichte des Schiffes, die auch die seine ist, hat ihn nicht mehr losgelassen. Seinem Engagement ist es zu verdanken, dass das Schicksal der »Gustloff« nicht in Vergessenheit geriet. Viele Überlebende haben in ihm einen Ansprechpartner für ihre Schicksalsnacht gefunden. Einigen gelang es mit seiner Hilfe, ihre Retter wiederzufinden und Gewissheit über den Verbleib von Verwandten und Freunden zu bekommen.

In Greifswald bekamen wir Bezugsscheine für Kleidung, denn wir hatten ja alles verloren. Als wir sagten, dass wir von der »Gustloff« kämen, behaupteten die Leute, das Schiff sei gar nicht gesunken, alles wäre nur eine Propagandalüge der Russen.

Friedel Junkuhn, Flüchtling

Bis Anfang April gelang es der deutschen Kriegsmarine, insgesamt rund 2,5 Millionen Menschen auf dem Seeweg über die Ostsee nach Westen zu evakuieren. 33 000 Flüchtlinge, Soldaten und Marineangehörige kamen dabei ums Leben. Das Schicksal der »Wilhelm Gustloff« teilten Schiffe wie der Frachter »Goya«, der am 16. April 1945 von sowjetischen Torpedos versenkt wurde und wahrscheinlich eine ähnliche Anzahl

»Alle verfügbaren Schiffe in die Danziger Bucht«:
Die Seebrücke im Frühjahr 1945.

an Opfern wie die »Gustloff« mit in die Tiefe nahm. Die »Steuben«, die »Göttingen«, die während der »Gustloff«-Katastrophe noch gerettet hatte, und viele kleinere und größere Schiffe wurden versenkt, während sie versuchten, Flüchtlinge aus der Danziger Bucht nach Westen zu bringen. Die letzten Flüchtlinge warteten noch Wochen nach Kriegsende auf der schmalen Halbinsel Hela auf ein Schiff, das sie nach Westen bringen sollte.

Das Wrack der »Wilhelm Gustloff« liegt heute in knapp sechzig Metern Tiefe vor Stolpmünde in der Ostsee. In den vergangenen sechs Jahrzehnten wurde bei zahlreichen Expeditionen nach dem Ozeanriesen getaucht. Er wurde fotografiert und gefilmt. Man vermutete hier Schätze, geheime Dokumente und sogar das auf mysteriöse Weise verschwundene »Bernsteinzimmer«. Das Wrack ist mittlerweile in vier Teile zerfallen – es wurde bereits in den 50er-Jahren gesprengt, da es ein Hindernis auf dem viel befahrenen Seeweg darstellte. Ein Großteil des Schiffes ist von Schlamm bedeckt, der riesige Schornstein allerdings ist noch immer gut erkennbar. Die Geländer der Reling, Tauenden, ein zusammengestürzter Treppenaufgang zeugen noch immer vom Glanz des einstigen Ozeanriesen. Und unter einer Schicht grünlicher Algen und Muscheln leuchtet im Licht der Lampen der Namenszug »Wilhelm Gustloff« am Bug. An vielen Stellen sind Löcher in den Rumpf geschnitten. Die Schatzsucher haben deutliche Spuren hinterlassen, jedoch keinerlei spektakuläre Funde gemacht. Einmal wurde ein Bullauge geborgen, ein anderes Mal ein metallener Tisch. Die Reichtümer und Geheimnisse, die die Taucher hier vermuteten, blieben aus.

Heute liebe ich die See wieder so, wie ich sie früher als Kind geliebt habe. Ich habe Frieden geschlossen mit dem Wasser.
WALTRAUD GRÜTER, MARINEHELFERIN

In den letzten Jahren ist es ruhiger geworden um das Wrack der »Gustloff«. Es ist so stark verrostet, dass ein

Eindringen in den Schiffrumpf lebensgefährlich wäre. Das Interesse an den Überresten des »Stolzes der KdF-Flotte« allerdings ist nach wie vor ungebrochen. Auch während der Dreharbeiten zu unserem Film »Die große Flucht – Der Untergang der Wilhelm Gustloff« gingen immer wieder Angebote verschiedenster Unterwasserfilmfirmen ein, die den Tauchgang noch einmal wagen wollten. Das Wrack der »Wilhelm Gustloff« wird jedoch aller Wahrscheinlichkeit nach keine Schätze preisgeben und keine Geheimnisse mehr lüften. Es ist zur Gedenkstätte erklärt worden, im Andenken an vermutlich fast 9000 Menschen, die hier zu Tode kamen. Über die Hälfte von ihnen waren Kinder.

Ich kann diese Katastrophe nicht vergessen. So etwas können Sie einfach nicht vergessen, das werden Sie nie wieder los. Ich brauche bloß den Fernseher anschalten und ein bisschen Wasser sehen. Sofort sind die schrecklichen Bilder da.
MARGOT KÄUNE, FLÜCHTLING

Die Überlebenden der »Gustloff«-Katastrophe hat die Erinnerung an die wohl schlimmste Nacht ihres Lebens bis heute nicht losgelassen. Viele haben Jahre gebraucht, um die traumatischen Erlebnisse zu verkraften, manche haben es bis heute nicht geschafft. »Ich habe nie wieder meinen Geburtstag feiern können«, erzählt Waltraud Grüter. »Diesen 30. Januar habe ich einfach nicht feiern können. Mein Sohn hat als Kind immer gefragt: ›Mutti, warum feiern wir denn Papas Geburtstag und meinen, aber nicht deinen?‹ Aber an diesem Tag ist mir nicht nach feiern zumute. Es beginnt immer gegen sieben Uhr abends, dass ich unruhig werde und anfange, auf die Uhr zu schauen. Dann gegen neun Uhr muss ich an all die Menschen denken, die damals gestorben sind.«

»Die verlorene Welt von gestern.« Ostpreußische Mädchen in ihrer Tracht auf der »Wilhelm Gustloff«, Juli 1939

Viele der Überlebenden treffen sich jedes Jahr zum Jahrestag des Untergangs. Einige haben bei einem solchen Treffen jene Matrosen von den Rettungsschiffen wiedergefunden, die sie ganz persönlich aus der Ostsee gezogen hatten. Teilweise hat das gemeinsame Schicksal Freundschaften entstehen lassen, die es leichter machen, mit dem Erlebten umzugehen. Doch noch immer können viele Überlebende der »Gustloff« nur unter größter Anstrengung über die Nacht zum 31. Januar sprechen. »Diese Erinnerung sitzt einfach drin«, versucht eine von ihnen zu erklären. »So etwas wird man sein ganzes Leben nicht mehr los. Das verlässt einen nie.«

Literatur

Bekker, Cajus: Flucht übers Meer: Ostsee – deutsches Schicksal 1945. Frankfurt/Main, Berlin 1995

Benz, Wolfgang (Hg.): Die Vertreibung der Deutschen aus dem Osten. Ursachen, Ereignisse, Folgen. Frankfurt/M. 1985

Böddeker, Günter: Die Flüchtlinge. Die Vertreibung der Deutschen im Osten. Berlin, Wien 1997

Dieckert, Kurt; Grossmann, Horst: Der Kampf um Ostpreußen. Stuttgart 1994

Dobson, Christopher; Miller, John; Payne, Ronald: Die Versenkung der »Wilhelm Gustloff«. Frankfurt/Main, Berlin 1995

Dönhoff, Marion Gräfin: Namen, die keiner mehr nennt. München 1997

Franzen, K. Erik: Die Vertriebenen. Hitlers letzte Opfer. München 2001

Grass, Günter: Im Krebsgang. Göttingen 2002

Grube, Frank; Richter, Gerhard: Flucht und Vertreibung. Deutschland zwischen 1944 und 1947. Hamburg 1980

Hartwig, Dieter: Marine und Handelsschiffahrt bei Rettungsaktionen in der Ostsee bei Kriegsende 1945. In: Das Zusammenwirken von Handelsschiffen und Seestreitkräften in Deutschland. Düsseldorf 2005, S. 81–103

Lehndorff, Hans Graf von: Ostpreußisches Tagebuch. Aufzeichnungen eines Arztes aus den Jahren 1945–1947. München 1995

Mühlfenzl, Rudolf (Hg.): Geflohen und vertrieben. Augenzeugen berichten. Königstein/Ts. 1981

Müller, Wolfgang; Kramer, Reinhard: Gesunken und verschollen: Menschen- und Schiffsschicksale Ostsee 1945. Hamburg 1996

Schieder, Theodor (Bearb.): Dokumentation der Vertreibung aus Ost-Mitteleuropa. Bd. I, 1–3: Die Vertreibung der deutschen Bevölkerung aus den Gebieten östlich der Oder-Neiße. Bonn 1953–1960

Schlau, Wilfried: Die Ostdeutschen. Eine dokumentarische Bilanz. München 1996

Schön, Heinz: Die Gustloff-Katastrophe. Stuttgart 1999

Schön, Heinz: Ostsee 45. Menschen, Schiffe, Schicksale. Stuttgart 1998

Schön, Heinz: SOS Wilhelm Gustloff: Die größte Schiffskatastrophe der Geschichte. Stuttgart 1998

Schwendemann, Heinrich: »Deutsche Menschen vor der Vernichtung durch den Bolschewismus retten.« Das Programm der Regierung Dönitz und der Beginn einer Legendenbildung. In: Hillmann, Jörg / Zimmermann, John (Hg.): Kriegsende 1945 in Deutschland. München 2002, S. 9–33

Thorwald, Jürgen: Die große Flucht. Es begann an der Weichsel. Das Ende an der Elbe. Klagenfurt 1998

Zeidler, Manfred: Kriegsende im Osten. Die Rote Armee und die Besetzung Deutschlands östlich von Oder und Neiße 1944/45. München 1996

Bildnachweis

Agentur Karl Höffkes: S. 51 u., 63, 77, 87, 125
Archiv für Kunst und Geschichte, Berlin: S. 41, 56,
    93 (Schaichet), 96
Bayerische Staatsbibliothek München / Fotoarchiv
    Hoffmann: S. 43
Bildarchiv preußischer Kulturbesitz, Berlin: S. 37 o., 39,
    49 (2x), 50, 64, 72, 90, 142 (Engel)
Bilderdienst Süddeutscher Verlag: S. 23, 26, 95 (Röhnert), 151
Bundesarchiv, Koblenz: S. 28, (Bild 183/D 0810/46/1),
    36 (146/72/92/51), 67 (146/79/84/3 A),
    147 (146/2001/19/10), 154 (146/72/92/5)
Cinetext Bild- und Textarchiv, Frankfurt/M.: S. 106, 107,
    111, 116, 118, 121
Deutsches Historisches Museum, Berlin: S. 25
Keystone GmbH, Hamburg: S. 52
Landsmannschaft Ostpreußen e.V.: S. 30, 33
Ostsee-Archiv Heinz Schön: S. 59, 69, 75, 84 (2x)
Ullstein Bild, Berlin: S. 15, 21, 37 u., 38, 45, 46, 47, 48 (3x),
    51 o., 57, 78, 89, 157

Wir danken für die freundliche Erlaubnis zum Abdruck der
Abbildungen. Trotz intensiver Bemühungen war es uns nicht
möglich, alle Rechteinhaber zu ermitteln. Wir bitten diese,
sich gegebenenfalls an den Verlag zu wenden.